Staður skipsins: Austfjarðamið

Vinna, viðburðir, notkun talstöðvar o.fl.

Kvöld SV-4-5

þorskur og ýsa í Hallinu annars ufsi og karfi SV-5 257k.

Þorskur S-4-6. 369ks

SSA-4-6 en vaxandi í kvöld 233ks.

AF623067

Full ferð til Sf kl: 1305

Seyðisfjð. kl 2205, vaxandi A átt

þ+grál. A 7-9 135ks.

þorskur, minnkandi A átt, A 5 í kvöld 181ks.

Seyðisfjð. 07-25t þ+grál 170ks

+þ. Hægv. 77k

kl 0730. í höfn Seyðisf kl 1400 NV kaldi 135ks

2000 Dvergast 19.983kg. 1 gámur þorsk + grál. til Kópav.

Allt þorskur 1x2t í Hallinu þorskur SA-2-3. 190ks.

S-átt 5-6 og þokusuld 229ks.

Allar tegundir SSA-6-8 og rigning 135ks.

NS-12

Konrad Korabiewski • Kristján Loðmfjörð

HATJE
CANTZ

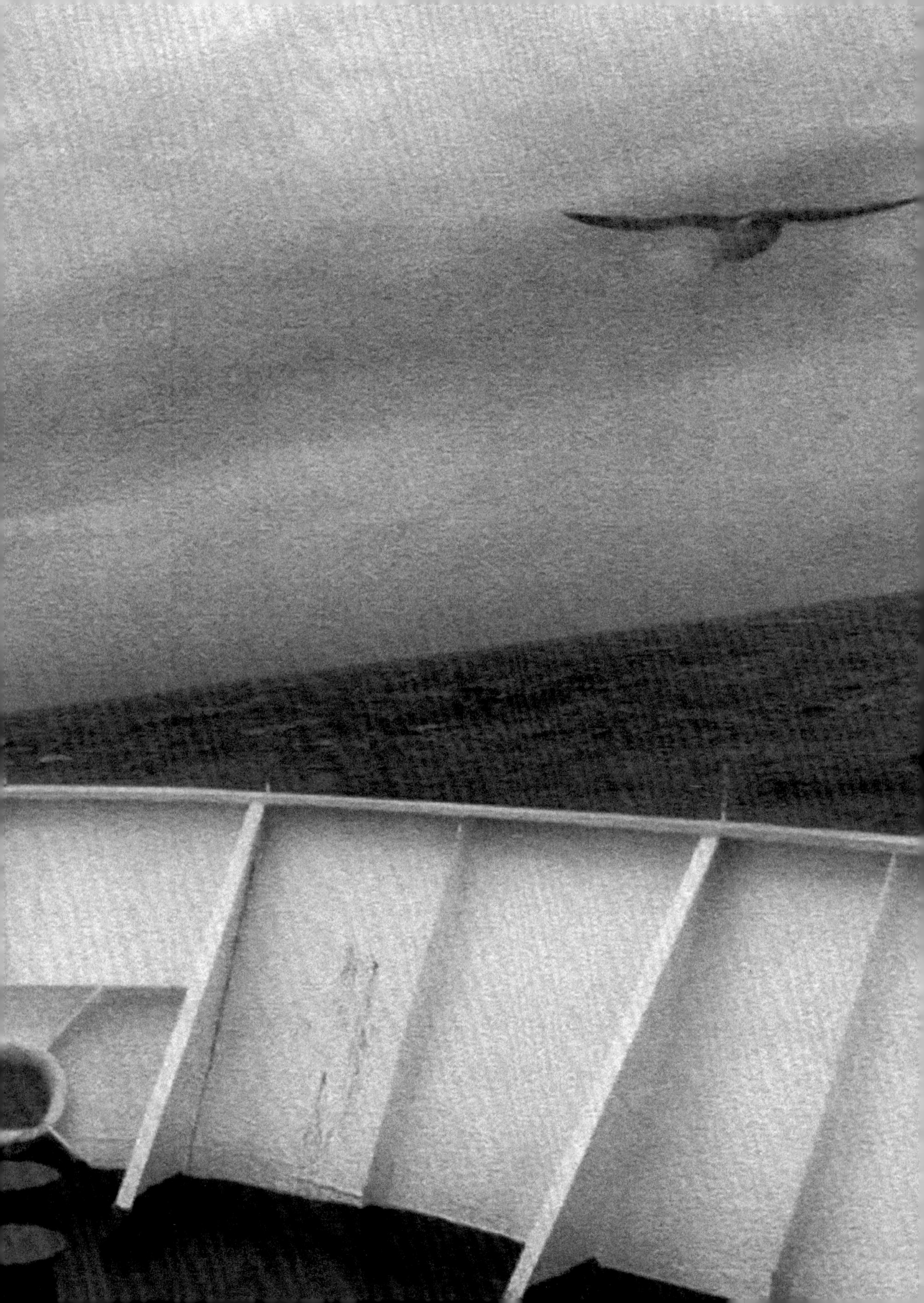

NS-12

Konrad Korabiewski • Kristján Loðmfjörð

HATJE
CANTZ

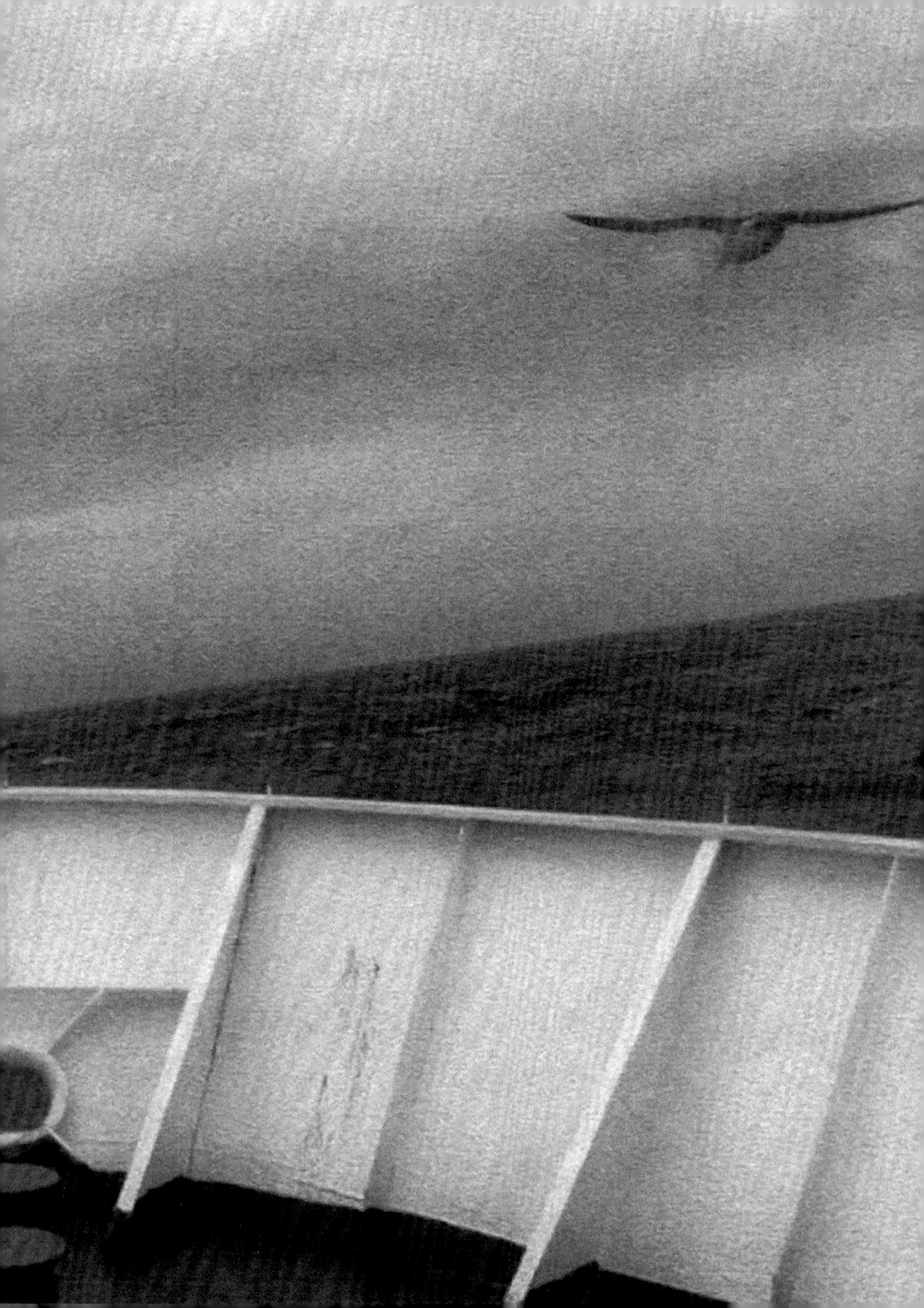

CONTENTS / INHALTSVERZEICHNIS

Access to the audiovisual work can be found at:

Zugang zur audiovisuellen Arbeit finden Sie hier:

www.zkm.de/ns-12

Anna Friz

The Ruminations and Reveries of an Icelandic Trawler

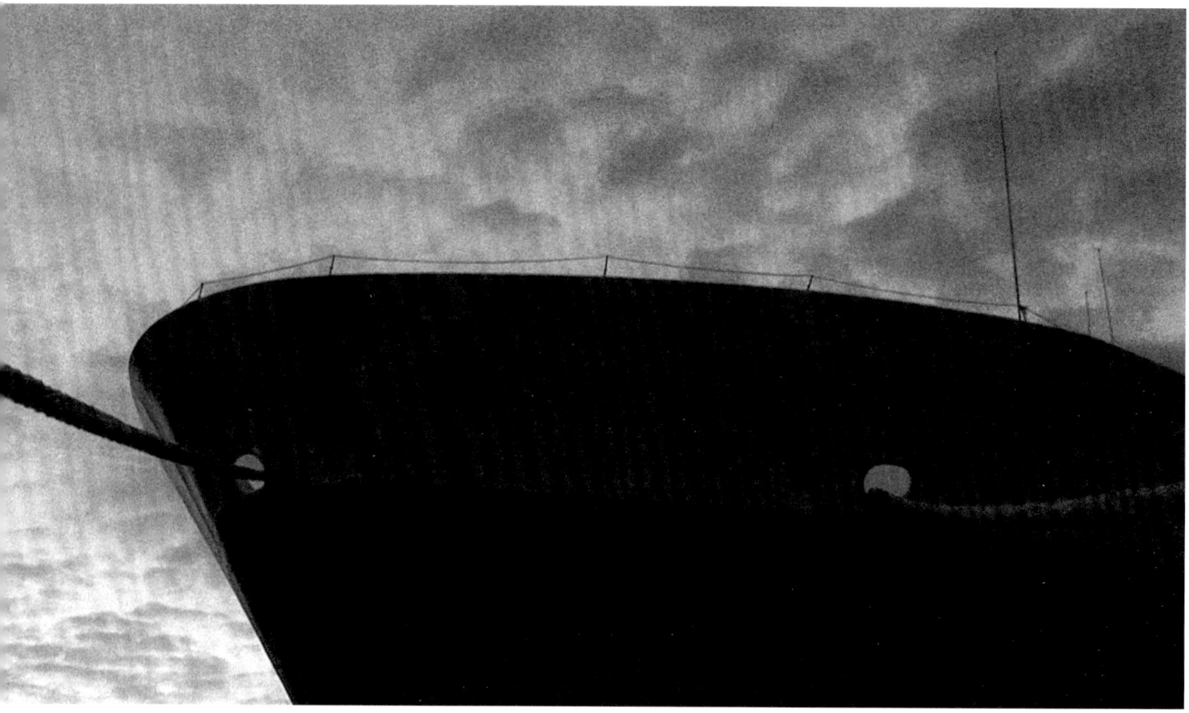

NS-12 opens with a slow, deliberate descent through heavy fog that completely fills a fjord. The depth of the fjord is described by the sound of laconic fireworks. The camera zooms deeper through visual white noise and a landscape that is sensed but not seen, finally arriving at a round opening in a red-painted steel hull of what we will learn is a ship. Bodies labor in the industrial underworld of a wet, dark hold. Minute textures swim before our eyes before coming into focus to reveal their materiality: wood grain, paper pinup girls, crushed ice, battered canvas. First, there is the thin hiss of machines on standby, then an engine kicks over into a steady, expanding grind that grows so omnipresent that nothing can be still; even the camera frame shivers with the strength of the vibrations. These industrial details give way to a glimpse out of weeping windows at the rolling ocean, as though our eyes are also blurry with rain and spray, and the camera shot is rhythmically unsteady with the constant motion of the waves. This is Gullver NS-12: a working ship on the ocean; a world within a world on the water, with no land in sight.

"[I]n the social history of the Icelanders, the sea has always been both prey and partner."[1] Fishing traditionally entailed deep local wisdom developed over generations within communities, including successfully reading complex weather signs and attending to the habits of and relationships between nonhuman species such as birds and seals in order to pull in a catch. For the modern fishing industry, the ocean is no longer conceived of as an infinite resource, but instead defined by extractivist practices, scientific management, and state control (with associated fish quotas and an increase in the size and capacity of ships). Icelandic anthropologist Gísli Pálsson has noted that this shift

Anna Friz

Die Grübeleien und Träumereien eines isländischen Fischtrawlers

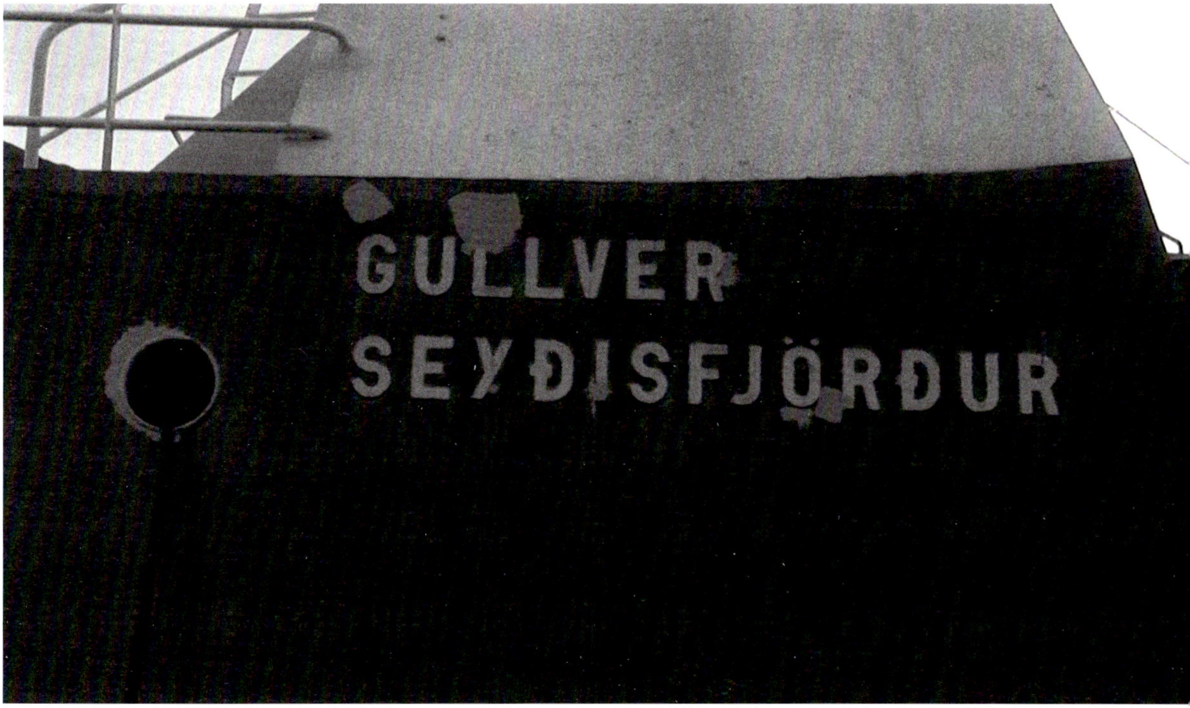

Die audiovisuelle Arbeit *NS-12* beginnt mit einem langsamen, ganz bewussten Abstieg durch dichten Nebel, wie er einen Fjord in seiner Gesamtheit ausfüllt. Die Tiefe des Fjords wird durch den Klang lakonischer Feuerwerke beschrieben. Die Kamera zoomt tiefer durch sichtbares, weißes Rauschen und durch eine Landschaft hindurch, die wahrgenommen, aber nicht gesehen wird, und gelangt schließlich zu einer runden Öffnung in einem rot lackierten Stahlrumpf, von dem wir erfahren werden, dass er Teil eines Schiffs ist. Körper arbeiten in der industriellen Unterwelt eines nassen, dunklen Laderaums. Winzige Texturen schwimmen vor unseren Augen, bevor sie in den Fokus treten und ihre Materialität enthüllen: Holzmaserung, Pin-up-Mädchen aus Papier, zerstoßenes Eis, ramponierte Leinwand. Zuerst ist da das dünne Zischen der Maschinen im Stand-by-Modus, dann springt ein Motor in einen stetigen, sich ausdehnenden schleifenden Takt, der bald so allgegenwärtig ist, dass nichts unberührt bleibt; selbst der Kamerarahmen zittert mit der Stärke der Vibrationen. Diese industriellen Details lassen aus tränenden Fenstern einen Blick auf das rollende Meer werfen, als ob auch unsere Augen vor Regen und Gischt verschwommen wären, und die Kameraeinstellung ist mit der ständigen Bewegung der Wellen rhythmisch unruhig. Dieses ist *Gullver NS-12*: ein funktionierendes Schiff auf dem Meer; eine Welt in einer Welt auf dem Wasser, ohne Land in Sicht.

»[I]n der Sozialgeschichte der Isländer war das Meer schon immer Beute und Partner.«[1] Traditionell hat die Fischerei eine tiefe lokale Weisheit mit sich gebracht, die sich über Generationen innerhalb von Gemeinschaften entwickelte. Diese Weisheit ermöglichte es den Fischern, komplexe Wetterzeichen zu lesen und die Gewohnheiten

toward an ethos of containing and mastering the ocean may well be considered "the birth of the aquarium."[2] However, despite the evident power of a modern Icelandic fishing industry to master the ocean and for trawlers to withstand storms while pulling tons of fish from the turbulent North Atlantic, both the ocean and the fishing machine remain potent spaces of myth and risk, where captains still follow hunches and equipment may fail, and all who live on board surrender their bodies and dreams to the constant if unstable relationship between the trawler and the waves.

The trawler itself undergoes continual transformation over the course of its service to industry: filled and emptied of fish each week, it endures hard weather unevenly, springing leaks and requiring constant repair, showing rust and corrosion, attracting barnacles. The home port of *NS-12* is the small town of Seyðisfjörður on the east coast of Iceland, where the ship is a vital organ in the economic body of the town and whose catch fuels the work of the remaining fish factory. Despite these facts, the audiovisual collaboration *NS-12* by filmmaker Kristján Loðmfjörð and composer Konrad Korabiewski is not a documentary study about a fishing trawler, nor a film about labor conditions in the fishing industry, nor a nostalgic ode to a receding way of life. Rather, it is a poetic expression of time a-sea in the local trawler off the coast of Eastern Iceland that is both a contained world and a fallible vessel, conceived from the perspective of the ship itself. Loðmfjörð and Korabiewski consider the ship *NS-12* as an entity rather than an object to study—an actant in a complex relationship involving humans, technology, and the ocean which functions as a permeable world, and as an expressive instrument.

Theorist Bruno Latour has written that his approach to socio-technical history is to "look for nonhumans when the emergence of a social factor is inexplicable; look to the state of social relations when a new and inexplicable type of object enters the collective."[3] As things are also social actors, Latour proposes that the human lies in relationship, in the crossover between social and nonhuman relations, in aggregate systems of humans and nonhumans. This formulation demonstrates how environments and artifacts as well as humans are recruited into infrastructures and networks; for instance, a network that includes a stern trawler, vast nets, fish and sharks, deep open water, sailors, loved ones on shore, friends and neighbors at the fish factory, conveyor belts, a broken propeller, one seasick and one seaworthy artist, the town church choir, and the first female president of the country. Understanding the world of the ship also reveals much about the sociocultural disposition of the town.

NS-12 does not show the faces of sailors on board: their bodies hose down the deck, operate machinery, and move through the corridors at an angle to resist the ship's tilt on the waves; their hands hold cutlery at mealtimes and patiently pack a pipe's bowl with tobacco. These bodies are surely sites of knowledge and identity construction, as identity and subjectivity are deeply performative, but what is often missing from the discussion is a robust engagement with the things to which bodies relate: "the material components of the world [the body] is being in."[4] Assemblages of material agents are defined and shaped by embodied practices, but bodies are in turn framed, defined, and disciplined by participation in such ensembles, exchanging "energy, properties, and competence" with things.[5] Thus, things are not described only by human use, but are also actants, with a thingness outside as well as within the human sphere, such that social power may be understood through accounts of operationality. The sailors of *NS-12* are conceived here as belonging to the ship's body, like organisms within a larger machinic organism, where they tend to its vital functions that are in turn vital to their own function. The audiovisual work *NS-12* draws our attention to the things that both frame and respond to the work of the sailors, from the small tools to the ship itself.

Culturally, Icelanders respect the agency of nonhuman actants, whether small (such as the fabled elves or *huldufólk*) or massive (such as volcanic eruptions and fierce winter storms). Together with the large shifts in light and dark across the northern year, Icelanders must accept the imperative to coexist with the extra-human, and these dynamic (and often dramatic) relationships have resulted in a centuries-old literary and artistic culture that preserves the mythological time of the Sagas while tending toward the surreal, dwelling in a world defined by both dream logic and stalwart pragmatism.

Loðmfjörð and Korabiewski met in the small town of Seyðisfjörður, where they are both still based, and their curiosity to make a media artwork based on the experience on a fishing trawler led them to contact Gullberg hf, the company which owned *NS-12*, in order

und Beziehungen der nichtmenschlichen Wesen wie Robben und Vögel zu verstehen, um einen Fang einzuholen. Von der modernen Fischindustrie wird das Meer nicht mehr als eine unendliche Ressource gesehen, sondern vielmehr als ein Raum, der durch ausbeuterische Praktiken, wissenschaftliches Management und staatliche Kontrolle (mit den damit verbundenen Fangquoten und einer Zunahme der Größe und Kapazität der Schiffe) definiert wird. Dem isländischen Anthropologen Gisli Pálsson zufolge kann diese Verschiebung hin zu einem Ethos der Eindämmung und Beherrschung des Meeres durchaus als »die Geburt des Aquariums« angesehen werden.[2] Doch trotz der offensichtlichen Macht der modernen isländischen Fischereiindustrie, das Meer zu beherrschen, und der Trawler, Stürmen standzuhalten und Tonnen von Fischen aus dem aufgewühlten Nordatlantik zu ziehen, bleiben sowohl das Meer als auch die Fischereimaschinerie starke Orte des Mythos und des Risikos, wo Kapitäne noch immer ihrem Instinkt folgen und die Ausrüstung versagen kann und wo alle, die an Bord leben, ihre Körper und Träume der ständigen, wenn auch instabilen Beziehung zwischen dem Trawler und den Wellen überlassen.

Der Trawler selbst unterliegt im Laufe seiner Tätigkeit für die Industrie einem ständigen Wandel: Er wird jede Woche mit Fischen befüllt und dann wieder entleert, er erträgt schlechtes Wetter mal besser, mal schlechter, er weist immer wieder Leckagen auf und muss ständig repariert werden, und er zeigt Rost und Korrosion wie auch die Seepocken, die er anzieht. Der Heimathafen von *NS-12* ist die kleine Stadt Seyðisfjörður an der Ostküste Islands, wo das Schiff ein lebenswichtiges Organ im Wirtschaftsleben der Stadt ist, dessen Fang die Arbeit der verbleibenden Fischfabrik ankurbelt. Trotz dieser Fakten ist die audiovisuelle Zusammenarbeit *NS-12* des Filmemachers Kristján Loðmfjörð und des Komponisten Konrad Korabiewski weder eine dokumentarische Studie über einen Fischtrawler, noch ein Film über die Arbeitsbedingungen in der Fischereiindustrie, noch eine nostalgische Ode an eine aussterbende Lebensweise. Vielmehr ist das Werk ein poetischer Ausdruck einer auf einem lokalen Trawler vor der Küste Ostislands verbrachten Zeit, genauer gesagt ein aus der Perspektive des Trawlers konzipierter Ausdruck, der sowohl eine in sich geschlossene Welt als auch ein fehlbares Schiff ist. Loðmfjörð und Korabiewski betrachten den Trawler *NS-12* als eine Einheit und nicht als ein zu untersuchendes Objekt – ein Akteur in einer komplexen Beziehung zwischen Mensch, Technologie und Meer, die als durchlässige Welt und als expressives Instrument fungiert.

Der Theoretiker Bruno Latour hat geschrieben, dass sein Ansatz zur soziotechnischen Geschichte darin besteht, »nach Nicht-Menschen zu suchen, wenn die Entstehung eines sozialen Faktors unerklärlich ist; auf den Zustand der sozialen Beziehungen zu schauen, wenn ein neuer und unerklärlicher Objekttyp in das Kollektiv eintritt.«[3] Da Dinge nach Latour auch soziale Akteure sind, sieht er das Menschliche in der Beziehung, im Übergang zwischen sozialen und nichtmenschlichen Beziehungen, in den Aggregationssystemen von Menschen und Nicht-Menschen. Dieser Ansatz zeigt, wie Umgebungen und Artefakte sowie Menschen in Infrastrukturen und Netzwerke eingebunden werden; zum Beispiel ein Netzwerk, das einen Hecktrawler, riesige Netze, Fische und Haie, tiefes offenes Wasser, Seeleute, geliebte Angehörige an Land, Freunde und Nachbarn in der Fischfabrik, Förderbänder, einen kaputten Propeller, einen seekranken und einen seetüchtigen Künstler, den Stadtkirchenchor und die erste Präsidentin des Landes umfasst. In der Tat, die Welt des Schiffes zu verstehen bedeutet auch, viel über die soziokulturelle Disposition des Ortes zu erfahren.

NS-12 zeigt nicht die Gesichter der Seeleute an Bord, obwohl ihre Körper das Deck abspritzen, Maschinen bedienen und sich schräg durch die Gänge bewegen, um der Neigung des Schiffes auf den Wellen zu widerstehen; ihre Hände halten zu den Mahlzeiten Besteck und stopfen geduldig einen Pfeifenkopf mit Tabak. Diese Körper sind ganz sicherlich Orte des Wissens und der Identitätskonstruktion, da Identität und Subjektivität zutiefst performativ sind; was jedoch oft in der Diskussion fehlt, ist eine robuste Auseinandersetzung mit den Dingen, auf die sich Körper beziehen: »die materiellen Komponenten der Welt, in denen [der Körper] *drin ist*.«[4] Ansammlungen materieller Agenten werden durch verkörperte Praktiken definiert und geformt, während Körper wiederum durch die Teilnahme an solchen Ansammlungen umrahmt, definiert und diszipliniert werden, indem sie »Energie, Eigenschaften und Kompetenz« mit Dingen austauschen.[5] So werden die Dinge nicht nur durch den menschlichen Gebrauch beschrieben, sondern sind auch Akteure, mit einer Dinglichkeit sowohl außerhalb als auch innerhalb der

to eventually arrange three week-long journeys out on the ocean across three different seasons, also in quite stormy weather. *NS-12* had its maiden voyage in 1983, and Loðmfjörð notes that when he and Korabiewski sailed on board in 2012 and 2013, it was as though the ship were a perfect time capsule from the nineteen–eighties, with no apparent change to the photographs on the walls or the interior design. Most of the crew had even been working on board for nearly thirty years, lending an atmosphere of taciturn fellowship which Loðmfjörð describes as akin to quiet family life on an isolated farm.

On their first voyage out, Korabiewski was very affected by the rough roll of the sea and slept many hours in his bunk, which adjoined the working space of the ship where the nets were brought in. His dreams were saturated by the unceasing drones and clanging as though the ship were composing itself in his sleep. Loðmfjörð was not seasick, but entered into a sleepless state for several days, filming until the point of exhausted disorientation. These conscious and subconscious states deeply informed the artists' approach to the work and were further amplified by the gradual suspension of time while out at sea as the ship worked around the clock in all weather. *NS-12* is constructed from these various perceptions on the ship. Scenes of white nights and dark days are punctuated by shots of orange and red like an afterimage from staring into the midnight sun, or shots of black water with white, foam-flossed wave tops that hurl the ship from side to side. Sometimes, the ship engages calmer waters and is followed by swift seabirds as the nets are cranked in and out again with a tremendous clangor. The days blur together as the rhythm of the ship follows the fish and the weather, filled with the relentless song of the engine.

Loðmfjörð and Korabiewski prefer that *NS-12* be described as an audiovisual collaboration rather than as a film, though the work does adhere to certain cinematic tropes and linear structures within experimental and documentary film (the work does not present as a loop, but includes a prologue and epilogue that clearly indicate a beginning and ending), and it has been screened in the context of a movie theater and film festivals. Ideally, the work is presented as an installation with single-channel video and eight channels of sound as a site-specific screening. Korabiewski notes that perhaps the most powerful presentation of the work took place in Seyðisfjörður in June 2014 at the fish factory where the fish caught by *NS-12* are processed. Loðmfjörð and Korabiewski invited the townsfolk and especially the sailors from the trawler and factory workers to experience the piece. As people exited the screening, the trawler *NS-12* was docked immediately next to the factory with the engines fired up in tune with the last sounds of the audiovisual work, effecting a total installation of the ship together with its mediated self, and for the workers an experience of the ship within the environment of the ship and its infrastructure.

"Expanded cinema" may be described as audiovisual work which eschews the prescribed viewing and listening habits of a movie theater in favor of more minimalist or flexible environs such as a gallery or museum, or mobile and temporary spaces of all varieties.[6] The setting for expanded cinema work is often more intimate, leaving the audience free to come and go, and the artists may choose to activate all senses by installing other physical elements in the presentation environment such as live performers, food, multiple screens, and so on. In the case of the fish-factory screening of *NS-12* in Seyðisfjörður, the artists enabled their audiovisual piece to fluidly blur the audience perception of the expressive representation of the ship at sea, with the actual material ship docked with throbbing engine next to the venue, and the sensory input from the context of the loading bay for the fish factory and the smell of ocean water nearby; all of this taking place in the same fjord into which the camera descends in the opening scene of the work. But as Catherine Elwes notes, sometimes expanded cinema manifests more accurately as a contracted cinema—as cinema stripped down to its most basic elements of audio and screen and often experienced in spaces far smaller than a theater.[7] In a certain sense, *NS-12* exemplifies both the goals of expanded and contracted cinema, as the artists expressed the feeling of unease and claustrophobia on the ship, where the tightly framed shots draw the cinematic gaze in ever closer while in the immersive setting of the port next to the ship itself.

The sonic composition of *NS-12*, presented in eight channels (in reference to the eight cylinders of the ship's engine), is created almost solely from the sounds of the trawler itself, featuring the massive omnipresent drone and grind of the engine and all the ship's industrial

menschlichen Sphäre, so dass soziale Macht wahrscheinlich sogar durch Berichte über Operationalität verstanden werden könnte. Die Seeleute der *NS-12* werden hier – vergleichbar mit Organismen innerhalb eines größeren maschinistischen Organismus – als zum Körper des Schiffes gehörend begriffen, wo sie sich um dessen lebenswichtige Funktionen kümmern, die wiederum für ihre eigene Funktion lebenswichtig sind. Die audiovisuelle Arbeit *NS-12* lenkt unsere Aufmerksamkeit auf die Dinge, die auf die Arbeit der Seeleute einwirken als auch auf diese reagieren, von den kleinen Werkzeugen bis hin zum Schiff selbst.

Kulturell respektieren die Isländer das Wirken nichtmenschlicher Akteure, ob klein (wie die sagenumwobenen Elfen oder *huldufólk*) oder massiv (wie Vulkanausbrüche oder heftige Winterstürme). Neben den großen Unterschieden zwischen Hell und Dunkel während des nördlichen Jahres müssen die Isländer das Gebot der Koexistenz mit den außermenschlichen Kräften akzeptieren. Diese dynamischen (und oft dramatischen) Beziehungen haben zu einer jahrhundertealten literarischen und künstlerischen Kultur geführt, die die mythologische Zeit der Sagen bewahrt und gleichzeitig zum Surrealen tendiert, dabei aber in einer Welt verankert ist, die ebenso von Traumlogik wie einem unerschütterlichen Pragmatismus geprägt ist.

Loðmfjörð und Korabiewski trafen sich in der kleinen Stadt Seyðisfjörður, wo sie beide noch immer ansässig sind. Ihre Neugierde, ein Medienkunstwerk zu schaffen, das auf den Erfahrungen mit einem Fischkutter basiert, führte sie dazu, mit Gullberg hf, der Firma, die *NS-12* besaß, Kontakt aufzunehmen, um schließlich drei einwöchige Reisen auf dem Meer zu organisieren, die zu drei verschiedenen Jahreszeiten und damit auch bei ziemlich stürmischem Wetter stattfanden. Die *NS-12* hatte 1983 ihre Jungfernfahrt, und Loðmfjörð merkt an, dass, als er und Korabiewski 2012 und 2013 an Bord waren, es ihm vorkam, als ob das Schiff eine perfekte Zeitkapsel aus den 1980er Jahren wäre, ohne dass sich die Fotos an den Wänden oder die Inneneinrichtung irgendwie verändert hätten. Die meisten der Besatzungsmitglieder hatten sogar fast dreißig Jahre an Bord gearbeitet und eine Atmosphäre der schweigsamen Kameradschaft geschaffen, die Loðmfjörð als vergleichbar mit dem ruhigen Familienleben auf einem abgelegenen Bauernhof beschreibt.

Bei ihrer ersten Reise hinaus aufs Meer litt Korabiewski sehr unter dem rauen Seegang und schlief viele Stunden in seiner Koje, die an den Arbeitsraum des Schiffes angrenzte, wo die Netze hereingebracht wurden. Seine Träume wurden von einem unaufhörlichen Dröhnen und Klappern durchdrungen, als ob sich das Schiff im Schlaf selbst komponierte. Loðmfjörð war nicht seekrank, sondern nahm für einige Tage einen schlaflosen Zustand an, in dem er bis zur erschöpften Orientierungslosigkeit filmte. Diese bewussten und unbewussten Zustände haben den Zugang der Künstler zu ihrer Arbeit zutiefst geprägt und wurden zudem noch durch den allmählichen Verlust des Zeitgefühls auf See verstärkt, da das Schiff bei jedem Wetter rund um die Uhr arbeitete. *NS-12* ist aus diesen verschiedenen Wahrnehmungen auf dem Schiff aufgebaut. Szenen weißer Nächte und dunkler Tage werden durch Aufnahmen in Orange- und Rottönen, ähnlich dem Nachbild vom Blick in die Mitternachtssonne, oder Aufnahmen von schwarzem Wasser mit weißen, schaumgekrönten Wellen, wie sie das Schiff von einer Seite zur anderen schleudern, unterbrochen. Manchmal läuft das Schiff in ruhigere Gewässer ein und wird von schnellen Seevögeln verfolgt, insbesondere wenn die Netze mit einem gewaltigen Lärm ein- und ausgeworfen werden. Die Tage verschwimmen, werden zu einem, während der Rhythmus des Schiffes dem Fisch und dem Wetter folgt, stets angefüllt vom unerbittlichen Gesang des Motors.

Loðmfjörð und Korabiewski verstehen *NS-12* mehr als audiovisuelle Zusammenarbeit denn als Film, obwohl das Werk an bestimmten filmischen Tropen und linearen Strukturen innerhalb des Experimental- und Dokumentarfilms festhält (die Arbeit präsentiert sich nicht als Schleife, sondern enthält einen Prolog und einen Epilog, die deutlich auf einen Anfang und ein Ende hindeuten) und bereits im Rahmen eines Kino- und Filmfestivals gezeigt wurde. Im Idealfall wird *NS-12* als Installation mit Einkanal-Video und acht Tonkanälen als ortsspezifisches Screening präsentiert. Korabiewski merkt an, dass die vielleicht eindrucksvollste Präsentation des Werks im Juni 2014 in der Fischfabrik von Seyðisfjörður stattgefunden hat, dem Ort, wo die von *NS-12* gefangenen Fische verarbeitet werden. Loðmfjörð und Korabiewski luden die Stadtbewohner und vor allem die Besatzungen der Trawler sowie die Fabrikarbeiter ein, das Werk dort vor Ort zu erleben. Als die Menschen die

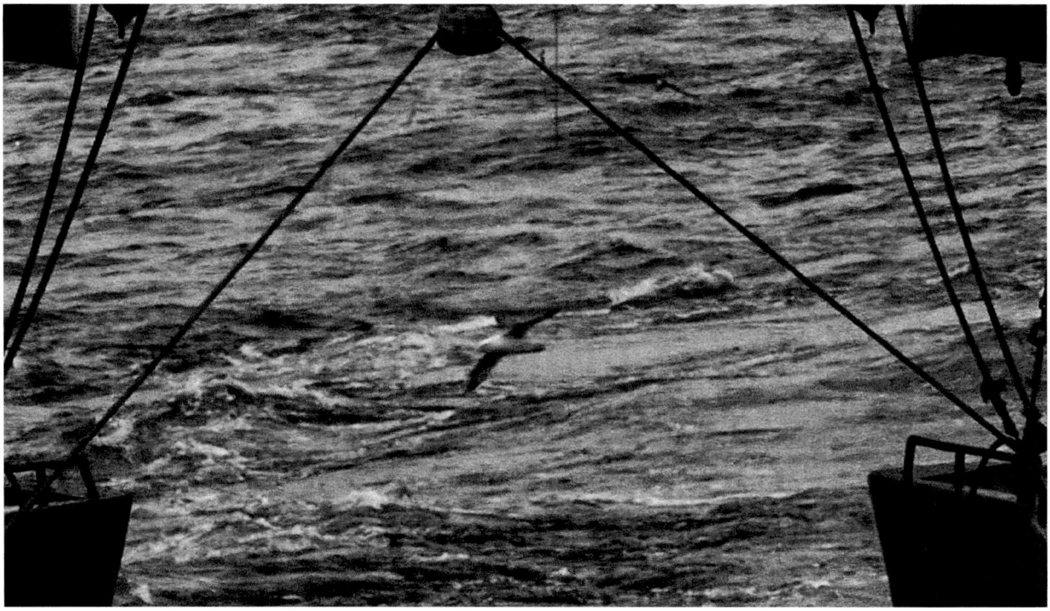

functions. Korabiewski insists on using only location sound for the score, finding the ship's soundscape to be alternately musical or diegetic and often totalizing. The resulting composition expresses the soundscape of life on the ship that is continuous and even modulated into restless sleep and dreams. This sound is seldom synchronized with visible actions in the camera frame, but nevertheless reflects the greater depth and dimension of the ship that is outside the visible screen. It attests to the ship's essential functions of seaworthiness, travel, and ocean extractivism, such as the sound of the net being let out and reeled in again, now laden with tons of fish in an agonistic clatter of metal, the oscillations of the engine block, and the deep vibrations from waves crashing on the hull. The soundscape also reinforces the visual approach in which the ship might be understood as an enormous mechanical beast—a cinematic subject that cannot see itself, so that we, the audience, similarly view the ship in fragments with a mostly sonic understanding of its scale and power. On the ship, there is no privacy or escape from the cyclical oscillations and the brute will of the engine or the twenty-four-hour labor involved with fishing; the more modest sounds of everyday life are largely masked by the constant if harmonic din of the ship to which all bodies on board must submit as much as to the proprioceptive awareness of the constant tilt and roll of the vessel at sea. Through pitch and time manipulation, Korabiewski also transforms the sharp metallic sounds of industrial infrastructure into long, low sonorous tones and clangs, such that any documentary reference recedes into a state of ship's reverie.

NS-12 is arranged into chapters which feature textual elements appearing as titles or recited from the ship's documentation. Vigdís Finnbogadóttir, fourth president of Iceland and the world's first directly elected female head of state, reads from the engine manual and the machinist's logs. A framed photograph from her sixteen years as president still graces the interior of *NS-12*; now in her eighties, the grain of Finnbogadóttir's voice relays shades of seriousness, tenacity, and resignation that match both the continuity and wear of the ship itself. The list of the ship's repairs is a poetics of exhaustion, topped only by the relentless litany of quotidian disasters recorded in the captain's log and recited by the Seyðisfjörður church choir. In a typically deadpan Icelandic manner, the logs dispassionately itemize dark weather, black fog, storms, mechanical failures, flooding, crushed arms on the conveyor belt, dislocated knees, and amputated fingers, along with the location and tonnage of fish caught: "Four rounds at the Whaleback's Slope, 1.5–4 tonnes cod and 1/3 haddock."

Vorführung verließen, wurde der Trawler *NS-12* direkt neben der Fabrik festgemacht, wobei die Motoren im Einklang mit den letzten Geräuschen der audiovisuellen Arbeit liefen, was ein vollständiges Zusammenfließen des Schiffes mit seinem vermittelten Selbst bewirkte und für die Arbeiter eine Erfahrung des Schiffes in seiner unmittelbaren Umgebung samt seiner Infrastruktur ermöglichte.

Das »expanded cinema« bzw. »erweiterte Kino« kann als audiovisuelles Genre bezeichnet werden, da es die für das Kino üblicherweise vorgeschriebenen Seh- und Hörgewohnheiten zugunsten einer minimalistischeren oder flexibleren Umgebung, wie einer Galerie oder eines Museums oder mobiler und temporärer Räume verschiedener Art, vermeidet.[6] Die Bühne für das erweiterte Kino ist oft intimer und lässt das Publikum frei kommen und gehen; die Künstler können zudem alle Sinne aktivieren, indem sie etwa andere physische Elemente, wie beispielsweise Live-Darsteller, Essen oder mehrere Bildschirme, am Veranstaltungsort installieren. Mit der Vorführung der audiovisuellen Arbeit *NS-12* in der Fischfabrik in Seyðisfjörður schafften es die Künstler, die Wahrnehmung des Publikums fließend zu verwischen, insbesondere die der expressiven Darstellung des Schiffes auf See mit der des echten, materiellen Schiffs mit pochendem Motor, wie es gleich neben dem Veranstaltungsort festgemacht war, so dass das Publikum als weitere Sinneseindrücke zugleich noch die Laderampe der Fischfabrik und den Geruch des nahen Meereswassers wahrnahm – und all dies an genau dem Fjord, in den die Kamera in der Eröffnungsszene hinabsteigt. Aber wie Catherine Elwes bereits angemerkt hat, erweist sich das erweiterte Kino manchmal als präziser als das übliche Vertragskino – als ein Kino, das sich auf die grundlegendsten Elemente von Audio und Leinwand reduziert und oft in Räumen erlebt wird, die viel kleiner sind als ein Theater.[7] In gewisser Weise spielt das Werk *NS-12* sowohl nach den Spielregeln des erweiterten als auch nach denen des üblichen Kinos, da die Künstler das Gefühl von Unbehagen und Klaustrophobie auf dem Schiff durch eng gerahmte, den filmischen Blick immer näher rückende Aufnahmen, die wiederum in der immersiven Umgebung des Hafens gleich neben dem Schiff entstanden, zum Ausdruck bringen.

Die Klangkomposition *NS-12*, die in acht Kanälen (in Bezug auf die acht Zylinder des Schiffsmotors) präsentiert wird, besteht fast ausschließlich aus den Geräuschen des Trawlers selbst, dem massiven, allgegenwärtigen Dröhnen und Schleifen des Motors sowie allen anderen industriellen Funktionen des Schiffes. Korabiewski besteht darauf, nur Ortsgeräusche für die Partitur zu verwenden, wobei die Geräuschkulisse des Schiffes abwechselnd musikalisch oder diegetisch und oft totalisierend ist. Die daraus entstandene Komposition drückt die kontinuierliche Klanglandschaft des Lebens auf dem Schiff aus, die hier bis in den unruhigen Schlaf und die Träume moduliert ist. Dieser Klang wird selten mit sichtbaren Aktionen im Kamerarahmen synchronisiert, spiegelt jedoch die größere Tiefe und Dimension des Schiffes wider, wie es sich außerhalb des Bildes befindet. Er zeugt von den wesentlichen Funktionen des Schiffes, seiner Seetüchtigkeit, dem Reisen und der Meeresausbeutung, von dem Geräusch des Netzes, wie es ausgelassen und wieder eingebracht wird, dann mit Tonnen von Fischen in einem agonistischen Klappern aus Metall beladen ist, von den Schwingungen des Motors und den tiefen Vibrationen der Wellen, die auf den Rumpf prallen. Die Geräuschkulisse verstärkt auch den visuellen Ansatz, in dem das Schiff als ein riesiges mechanisches Untier verstanden werden kann – als ein filmisches Subjekt, das sich selbst nicht sehen kann, so dass wir, das Publikum, das Schiff ebenfalls in Fragmenten, mit einem meist klanglichen Verständnis seiner Größe und Kraft, betrachten. Auf dem Schiff gibt es weder Privatsphäre noch Flucht vor den zyklischen Schwingungen und dem brutalen Willen des Motors oder der 24-Stunden-Arbeit des Fischfangs; die bescheideneren Geräusche des Alltags werden weitgehend durch das ständige, wenn auch harmonische Dröhnen des Schiffes überdeckt, dem sich alle Körper an Bord so sehr unterwerfen müssen wie dem unausweichlichen Bewusstsein des ständigen Neigens und Rollens des Schiffes auf See. Durch Tonhöhen- und Zeitmanipulation verwandelt Korabiewski auch die scharfen metallischen Geräusche der industriellen Infrastruktur in lange, tief klingende Töne und Klänge, so dass jede dokumentarische Referenz einem Zustand der Schiffsträumerei weicht.

NS-12 ist in Kapitel gegliedert, die Textelemente enthalten, die als Titel erscheinen oder aus der Schiffsdokumentation rezitiert werden. Vigdís Finnbogadóttir, das vierte Staatsoberhaupt Islands und das erste direkt gewählte weibliche Staatsoberhaupt der Welt, liest aus dem Maschinenhandbuch und den Logbüchern des

These recitations are performed by the people left at home, the relatives and townspeople who depend upon the success of the trawler to keep small communities economically afloat, and who live with the anxiety and longing for their loved ones out to sea most days of the year. *NS-12*, with its litany of accidents, nonetheless provides only glimpses of the industrial reality of the conveyor belt of fish bodies or pools of oil-slick, bloody water, or of the fleet of trawlers that sail out to the deep waters over the North Atlantic shelf to surround Iceland like a necklace and pull fish off the bottom of the sea, with bodily consequences for those who tend the ship and its catch. The town's chorus and the voice of former president Finnbogadóttir serve as the context for both the economic reality and the cultural imaginary surrounding the fishing trawler.

The chapter entitled "The Captain's Dream" treads deeper into this mythological and historical relationship to the ocean which preoccupies Iceland as an island nation, and which continues to claim lives every year. Drawing from cultural histories of shipwrecks around Iceland, Loðmfjörð crafted a collage of textual fragments which appear as screen titles over scenes that grow more abstract and beautiful in tune with Korabiewski's melancholic metallic tones, as though the ship itself might desire to share in a captain's dreams of drowning and escape. The ocean manifests as a sublimely indifferent force upon which people toil in collaboration with technologies designed to protect and extract. The ship crosses once more into oneiric territory: in the captain's dream, he begins to go down with the ship, sinking multiple times and nearly drowning, until a lucky buoy propels him to the surface as though he were shot from a cannon. Who is the prey, who is the partner? The ship is no longer an invincible symbol of human mastery of nature, nor is it a contained machinic world. The ship, like the ocean, defies easy categorization. Our last views of *NS-12* include the hull of the ship raised out of the water, revealing clumps of dangling seaweed: "Bottom deep stained and soft/ scraped off with fingertips."

1 Kirsten Hastrup, "Icelandic topography and the sense of identity," in *Nordic Landscapes: Region and Belonging on the Northern Edge of Europe*, ed. Michael Jones and Kenneth R. Olwig (Minneapolis and London: University of Minnesota Press, 2008), p. 67.

2 Gísli Pálsson, "The Birth of the Aquarium: the Political Ecology of Icelandic Fishing," in *The Politics of Fishing*, ed. Tim S. Gray (London: Palgrave MacMillan, 1998), pp. 209–27.

3 Bruno Latour, "A Collective of Humans and Non-Humans," in *Readings in the Philosophy of Technology*, ed. David M. Kaplan (Lanham, MD: Rowman & Littlefield Publishers, Inc., 2004), p. 186.

4 Bjørnar Olsen, *In Defense of Things: Archaeology and the Ontology of Objects* (Lanham, MD: AltaMira Press, 2010), p. 7.

5 Ibid., p. 138.

6 Gene Youngblood, *Expanded Cinema* (New York: P. Dutton & Co., Inc., 1970).

7 See Catherine Elwes, *Installation and the Moving Image* (New York: Columbia University Press, 2015), p. 167.

Maschinisten. Ein gerahmtes Foto aus ihren sechzehn Jahren als Präsidentin ziert noch immer das Innere der *NS-12*; jetzt, mit über 80 Jahren, überlagern ihre Stimme Schattierungen von Ernsthaftigkeit, Hartnäckigkeit und Resignation, die sowohl der Kontinuität als auch der Abnutzung des Schiffes selbst entsprechen. Die Liste der Schiffsreparaturen ist eine Poetik der Erschöpfung, die nur von der gnadenlosen Flut alltäglicher Katastrophen übertroffen wird, wie sie im Logbuch des Kapitäns verzeichnet sind und vom Seyðisfjörður-Kirchenchor vorgetragen werden. In einer für die Isländer typisch unbewegten Art und Weise listen die Logbücher dunkles Wetter, schwarzen Nebel, Stürme, mechanische Ausfälle, Überschwemmungen, zerquetschte Arme auf dem Fließband, ausgerenkte Knie und amputierte Finger sowie die Lage und Tonnage gefangener Fische auf: »Vier Runden am Hang der Walrücken, 1,5–4 Tonnen Kabeljau und 1/3 Schellfisch.« Diese Rezitationen werden von den an Land gebliebenen Menschen, den Verwandten und Städtern aufgeführt, die vom Erfolg des Trawlers abhängig sind, um kleine Gemeinden wirtschaftlich am Leben zu erhalten, und die mit der Angst um und Sehnsucht nach ihren Lieben, die die meisten Tage des Jahres auf See verbringen, leben müssen. *NS-12*, mit seiner Litanei von Unfällen, gibt dennoch nur Einblicke in die industrielle Realität der Verarbeitung von Fischkörpern am Fließband oder die Lachen von ölverschmiertem, blutigem Wasser oder die Flotte an Trawlern, die über den nordatlantischen Graben hinaus in tiefere Gewässer fahren, um Island wie eine Halskette zu umringen und Fische vom Grund des Meeres zu ziehen, mit körperlichen Folgen für diejenigen, die das Schiff betreiben und seinem Fang nachgehen. Der Chor der Stadt und die Stimme der ehemaligen Präsidentin Finnbogadóttir bilden den Rahmen, sowohl für die wirtschaftliche Realität als auch für die kulturelle Imagination des Fischtrawlers.

Das Kapitel »Der Traum des Kapitäns« vertieft diese mythologische und historische Beziehung zum Meer, die Island als Inselnation stets beschäftigt und die jedes Jahr weitere Leben fordert. Auf der Basis kultureller Geschichten über Schiffswracks um Island schuf Loðmfjörð eine Collage aus Textfragmenten, die als Filmtitel über Szenen erscheinen und die im Einklang mit Korabiewskis melancholischen Metalltönen zunehmend abstrakter und schöner werden, als ob das Schiff selbst an den Träumen eines Kapitäns vom Ertrinken und Entkommen teilhaben möchte. Das Meer selbst erweist sich als eine eher unbeteiligte Kraft, auf der sich Menschen in Zusammenarbeit mit Technologien, die dem Schutz und der Ausbeutung dienen, abrackern. Das Schiff geht noch einmal in einen oneiroiden Zustand über: In einem Traum beginnt ein Kapitän mit seinem Schiff unterzugehen, sinkt mehrmals und ertrinkt fast, bis eine Glücksboje ihn zurück an die Oberfläche befördert, als ob er von einer Kanone abgeschossen worden wäre. Wer ist die Beute, wer ist der Partner? Das Schiff ist nicht länger ein unbesiegbares Symbol der menschlichen Naturbeherrschung, noch ist es eine in sich abgeschlossene maschinistische Welt. Das Schiff, wie das Meer, entzieht sich einer einfachen Kategorisierung. Unsere letzten Ansichten von NS-12 sind von dem Rumpf des Schiffes, wie er aus dem Wasser gehoben wurde und baumelnde Seetangklumpen offenbart: »Boden tief verschmutzt und weich/abgeschabt mit den Fingerspitzen«.

1 Kirsten Hastrup, »Icelandic topography and the sense of identity,« in *Nordic Landscapes: Region and Belonging on the Northern Edge of Europe,* hrsg. Michael Jones und Kenneth R. Olwig (Minneapolis und London: University of Minnesota Press, 2008), S. 67.

2 Gísli Pálsson, »The Birth of the Aquarium: the Political Ecology of Icelandic Fishing,« in *The Politics of Fishing,* hrsg. Tim S. Gray (London: Palgrave MacMillan, 1998), S. 209–227.

3 Bruno Latour, »A Collective of Humans and Non-Humans,« in *Readings in the Philosophy of Technology,* hrsg. David M. Kaplan (Lanham: Rowman & Littlefield Publishers, Inc., 2004), S. 186.

4 Bjørnar Olsen, *In Defense of Things: Archaeology and the Ontology of Objects* (Lanham, MD: AltaMira Press, 2010), S. 7.

5 Ebd., S. 138.

6 Gene Youngblood, *Expanded Cinema* (New York: P. Dutton & Co., Inc., 1970).

7 Siehe Catherine Elwes, *Installation and the Moving Image* (New York: Columbia University Press, 2015), S. 167.

Kristín Ómarsdóttir

"It Took So Long to Invent the Woman"

An Interview with Vigdís Finnbogadóttir, Former President of Iceland

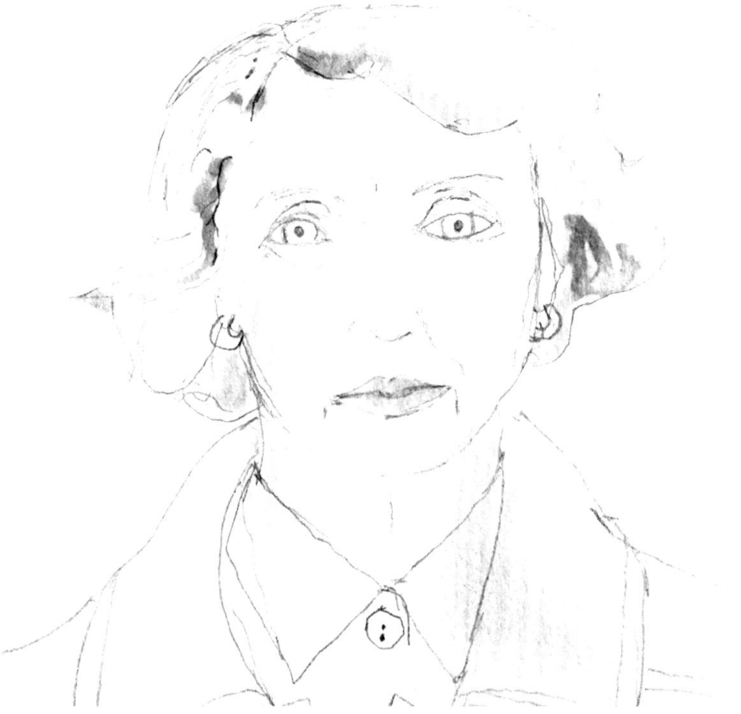

Drawing: Kristín Ómarsdóttir

If it were not for fishermen, there would not be enough food for the inhabitants of Iceland, an island located so far north that apple trees need humanitarian assistance to grow. If it were not for fishermen, oranges and apples would not have been seen here until the day the spaceships finally arrived—and the same is true for musical instruments, record players, canned food, contraband, beer. And money could scarcely have been found for culture in the modern Western vein. Or for industry, services, commerce, a healthcare system. My grandfather sailed to Spain with bacalao, then came home and gave his daughter a coat and an orange.

Time, and the times, change constantly. Perhaps time is a sorceress that enjoys tricking our eyes. One autumn day when the sunshine is still summer-bright, young people walk downtown to the Pond and begin rehearsing a strange play at the pond-side theater, Tjarnarbíó; their dress is not what young people wore on the far side of 1960. A few years later, their lifestyle will be termed free. Perhaps they are no more optimistic than the young people of half a century before them—and yet—the times bid fair to be brighter, the possibilities greater, and the oranges arrive in Iceland on airplanes. The characters in the plays they stage discuss other matters than those Shadow-Sveinn and his outlaws spoke of as they trod the boards in the wooden first days of Icelandic theater.

Yet to give the past its due: the enchantments of earlier times also tricked their offspring, as the spirit of freedom later would, and the past's hours of pleasure lie under the soil, where no one will ever read them.

Kristín Ómarsdóttir

»Es hat so lange gedauert, die Frau zu erfinden«

Interview mit Vigdís Finnbogadóttir, der ehemaligen Staatspräsidentin Islands

Gäbe es keine Seeleute, dann hätten die Bewohner Islands nicht genug zu essen – die Bewohner dieser Insel, die so weit im Norden unseres Erdballs liegt, dass die Apfelbäume besonders liebevolle Pflege brauchen, um zu wachsen. Gäbe es keine Seeleute, dann hätte man hier bis vor nicht allzu langer Zeit – etwa seitdem der Mensch zum Mond fliegen kann – keine Orangen oder Äpfel zu Gesicht bekommen, genauso wenig wie Musikinstrumente, Plattenspieler, Konservendosen, Schmuggelware oder Bier. Und für Kunst und Kultur im modernen, westlichen Sinn gab es ohnehin kaum Geld, genauso wenig für die Industrie, den Handel, Dienstleistungen oder das Gesundheitswesen. Mein Großvater fuhr mit seinem Klippfisch nach Spanien, kam zurück und schenkte seiner Tochter eine Orange und einen roten Mantel.

Die Zeit oder die Zeiten ändern sich ständig. Vielleicht ist die Zeit eine Zauberin, der es Spaß macht, den Menschen die Sinne zu verwirren. An einem hellen, fast noch sommerlichen Herbsttag gehen ein paar junge Leute zum Stadtsee Tjörn in der Altstadt von Reykjavík hinunter, um im Tjarnarbíó, dem Kino am Seeufer, ein sonderbares Bühnenstück zu proben; ihre Kleidung unterscheidet sich deutlich von derjenigen der jungen Leute vor der Zeitenwende um 1960, und ihr Lebensstil sollte einige Jahre später als »freizügig« definiert werden. Vielleicht sind sie nicht unbedingt optimistischer als die junge Generation ein halbes Jahrhundert früher – oder doch? Die Zeiten scheinen rosiger zu werden, die Möglichkeiten vielfältiger und die Orangen kommen per Flugzeug ins Land. Die Dramen, die sie inszenieren, haben andere Themen als jene, die den alten Skugga-Sveinn im gleichnamigen Theaterstück beschäftigten, als er und seine Vogelfreien die morschen Bühnenbretter des frühen isländischen Theaters betraten.

Doch lassen wir auch die Vergangenheit zu ihrem Recht kommen: Die Zaubermomente früherer Jahrhunderte haben ihre Kinder ebenso in die Irre geführt wie der Freiheitsdrang späterer Generationen, doch die glücklichen Stunden der Vergangenheit ruhen tief unter der Erde, so tief, dass niemand mehr zu ihnen durchdringt.

Die Mühen vergangener Zeiten – das dürfen wir nicht vergessen – waren unermesslich. Genauso wie die Mühen der Gegenwart, die nur selten zur Sprache kommen. In unserer Zeit liest man hauptsächlich über Gewinne und Gewinner. Doch Not und Entbehrung haben die Bewohner Islands lange verfolgt, und ihre belastenden Energien haben sich über Jahrhunderte in den Menschen angestaut; es sind randvolle Speicher, die sich erst jetzt zu leeren beginnen – und von einigen Auserwählten bewusst geleert werden. Diese an- und aufgestaute Mühsal vergangener Zeiten haben sich die jungen Isländer in den letzten fünfzig, sechzig Jahren zunutze gemacht – sie haben sozusagen die Ernte eingefahren –, im Kampf für eine bessere und gerechtere Welt.

Zu Ehren der guten alten Zeit stelle man sich am besten Folgendes vor: Ein verzauberter Augenblick, eine Gruppe von Leuten trifft sich zu einem romantischen Spaziergang. Wir schreiben das Jahr 1924. Wie sind die Menschen gekleidet? Die Sonne versinkt hinter dem Horizont ins Meer – dort, wo das Ausland und die Traumwelten beginnen. Kein Auto ist zu sehen, vielleicht ein Pferd, Hühner und Vögel, eine Menge Küstenseeschwalben. Das Wort »Aussicht« fällt nicht.

Die Zeit spielt mit uns Menschen wie mit einem Ball, und die Sonne überzieht uns mit ihrem golden und silbrig schimmernden Glanz – uns, die Spielbälle, und uns, die das Glück hatten, aus der Not und dem Elend unserer Vorväter und -mütter einen Nutzen zu ziehen. Und so drücken wir hier und jetzt die Daumen: Mögen die jungen Leute auch weiterhin an sonnigen Herbstabenden zum Tjörn hinunterschlendern, um zeitlose Bühnenstücke zu proben und Filme zu drehen und zu zeigen. Und schließlich sei auch das Meer hier nicht vergessen, mitsamt den Menschen, die ihr Leben aufs Spiel setzen, um andere aus seinen gefährlichen Untiefen zu retten.

pities them for having such a glamorized notion of the character in question. But a true friend is also one who grasps that his friend is the world's best, able to do it all.

Some weeks later, Vigdís's doorbell rang. Ding dong. She answered the door. Outside in the January gale, a messenger waited with a telegram—did it come from the sky?—and she accepted delivery and signed.

Inside her home, she pulled out the message, an appallingly long accordion, and read aloud the entreaty from the crew of the stern trawler Guðbjartur ÍS-16. They urged her to run for president of Iceland. Each crew member had signed.

In despair, Vigdís grabbed her vacuum cleaner and started vacuuming her house high and low. She was in a quandary; this was no longer a laughing matter.

It was fishermen who were the deciding factor in Vigdís Finnbogadóttir's announcing her candidacy for presidential office, and in her election as president of Iceland the following June 29. Her sixteen-year term as president (1980–1996) came at the request of Iceland's fishermen. She was their goddess. She was the biggest orange known to man.

Guðbjartur ÍS-16, built in Norway, was outfitted from the freezing plant Norðurtangi, arriving brand-new at Ísafjörður harbor seven years before the elections.

At the crack of dawn on the morning of June 30, 1980—the sun shone and had not set—a young artist hugged a swan by the Pond, down on the banks near Iðnó, or Reykjavík Theater, the theater that Vigdís had directed for eight years. And a girl named I made her lunch, buttered bread with spring-fragrant cucumbers and tomatoes, at a kitchen window facing a mountain shaped like Venus's belly. This girl was on her way to work on the town gardening crew when her mother entered in a fancy dress and wanted to hug her daughter, saying, "For every woman in Iceland, born and unborn."

Ein paar Wochen später klingelte es daher bei Vigdís an der Haustür. Ding-dong. Sie kam an die Tür und öffnete. Draußen in der Januardämmerung wartete ein Sendbote mit einem Telegramm – oder war es vom Himmel gefallen? –, das sie entgegennahm und quittierte.

Dann ging sie wieder hinein und zog die Nachricht aus dem Umschlag – eine endlose Ziehharmonika, auf der ein Appell zu lesen war, den die Besatzung des Hecktrawlers Guðbjartur ÍS-16 an sie richtete und den sie sich nun selbst laut vorlas. Die Männer forderten sie auf, bei der anstehenden Wahl zum isländischen Staatspräsidenten zu kandidieren. Jeder Einzelne der Besatzung hatte unterschrieben. In blinder Verzweiflung griff Vigdís nach dem Staubsauger und fing an, das Haus von oben bis unten durchzuputzen. Jetzt war guter Rat teuer, jetzt war die Sache kein Scherz mehr.

Es war also zu einem großen Teil den Seeleuten zu verdanken, dass sich Vigdís Finnbogadóttir bei der Präsidentschaftswahl als Kandidatin aufstellen ließ und am 29. Juni 1980 zur Staatspräsidentin von Island gewählt wurde. Ihre 16 Jahre dauernde Amtszeit, von 1980 bis 1996, war demnach ein Geschenk der isländischen Fischer. Vigdís ist die Göttin der Seeleute. Sie ist die größte Orange dieser Welt.

Die Guðbjartur ÍS-16, ursprünglich ein norwegisches Schiff, gehörte der Tiefkühl-AG Norðurtangi und war sieben Jahre vor der Präsidentschaftswahl erstmals in den Hafen von Ísafjörður eingelaufen.

Am frühen Morgen des 30. Juni 1980 – die Sonne schien und war nicht untergegangen – umarmte unten am Seeufer beim Iðnó, dem Theater, das Vigdís acht Jahre lang geleitet hatte, ein junger Künstler einen großen Schwan. Und unter dem Küchenfenster schmierte sich das Mädchen, das ich war, seinen Proviant für den Tag – Brot mit frühlingsduftenden Gurken und Tomaten. Wenn man hochschaute, konnte man einen Berg sehen, dessen Form an den Bauch der Venus erinnerte. Sie wollte sich gerade zu ihrer Gärtnerarbeit in den städtischen Parkanlagen, einem Sommerprogramm für isländische Schüler, aufmachen, als ihre Mutter elegant gekleidet in die Küche trat, die Arme nach ihrer Tochter ausstreckte und sagte: »Für alle Frauen Islands, die geborenen und die noch ungeborenen.«

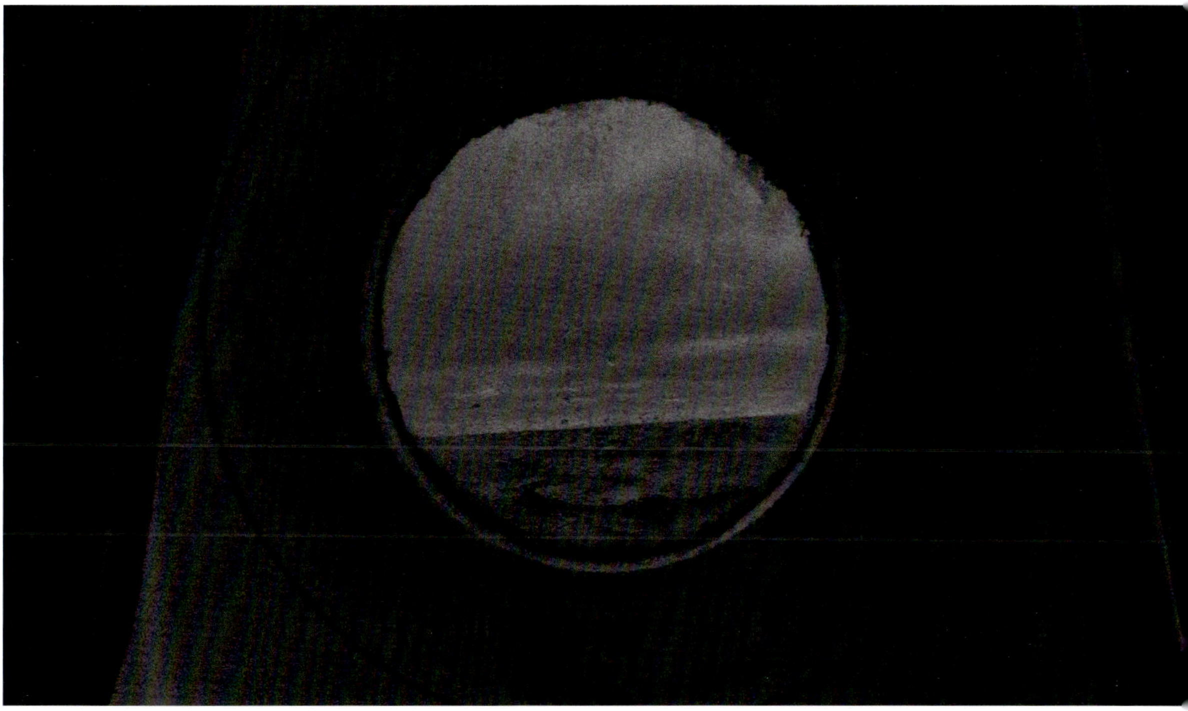

Thank you for letting me interview you for the audio-visual work *NS-12* by Kristján Loðmfjörð and Konrad Korabiewski, to which you are lending your voice, Ms. Vigdís Finnbogadóttir. Would you tell me where and when you were born, who your parents were? You had a brother; what was his name, where did you grow up?

Thank you too, Cousin. I was born on April 15, 1930, on Tjarnargata in 101 Reykjavík, which back then had no postal code. My mother was Ásta Sigríður Eiríksdóttir, a nurse, solid citizen, social advocate, a gardener, and a craftswoman. My father was Finnbogi Rútur Þorvaldsson. He was an engineer and had the good fortune to found the University of Iceland's engineering department, which came in handy when World War II cut off all contact with foreign countries.

My parents rented from a childless couple who gave me their undivided attention; it was fun to be the child of the house. The man had three monkeys who covered their eyes, ears, or mouth, and he taught me my five senses with that; he handed me his briefcase and taught me to go to school, and I walked around the dining-room table—to school. I have lovely memories of that couple who made so much of the child upstairs; my memories from Tjarnargata are more of them and of their apartment than of my parents.

Then, we moved to Ásvallagata—my brother had been born by then, a year and a half younger than I—and that's where I grew up until I was twenty and went to France. I remember our moving in very clearly: we sat on the sofa in the back of a van. And it was so extremely fancy to have an electric range, not that I really understood about that, but Mother thought it was fancy; it seemed fancy during the thirties. When I was four or five, we always had ice cream at Christmas, and it was made outside in a snowbank because there were no refrigerators. I vividly remember Mother getting her washing machine, down in the basement. All the women came over for coffee and sat down there by the machine; they laughed when it began to hum.

It was fun to be a child. I was never scared; I was too busy protecting my little brother from hard knocks. I was known among Mother's friends for my strong sense of responsibility; when my lady mother sent me on errands, I got offended if she spelled things out for me. My brother was a daydreamer; he would lapse into thought and forget his chores, but I watched out for him.

When I was little, I planned to be the captain of a ship—I wanted to see the world, and this was before public air travel—but I was told, "You can't be a captain; you're a girl." For the first time, I felt spoken down to. This is my earliest memory of not being able to do something because I was a girl, and also the first time I balked at that.

When I was a child and teenager, there was constant talk about how others were doing—people you hardly knew, not just your intimates. People took keen interest in the circumstances of others, and looked back in time much more than now; I understand Iceland so well, looking back, but I cannot understand it today, or looking forward. In my childhood, I heard a great deal from my West Fjords relatives about work methods, rowing techniques, and fishing. That's why I had an early understanding of going to sea; they were all dorymen and couldn't get by without rowing out for fish. I have been on Earth that long, Cousin.

Do you have a first memory?

Yes, I can't have been two years old. I was downstairs at Tjarnargata and the man was teaching me to go to school—as I mentioned—around their dining-room table. I remember all their books, and the whole setting, precisely.

Were you an early reader? Did you read much as a child? What was your favorite book?

I learned by the knitting-needle method: Mother sat with us, knitting, and pointed out letters with her needle and made us recite them. I became a voracious reader early and read far into the night; I've always read a lot, and still do. Mother had worked as a nurse in Berlin and Vienna when she was younger and read foreign-language biographies. Daddy enjoyed children's books. On his nightstand, three books would lie waiting: an Icelandic Saga, Shakespeare's works, and one children's book, the children's book always on top. I have a strong visual memory and can always see it before me.

Do you remember the first film you saw?

Yes, it was a Shirley Temple film. I remember how surprised I was the first time I went to the cinema because my brother and I always played at being at the cinema in bed, and thought the screen would be above us; we lay there and pretended to watch the film

Vielen Dank, Vigdís Finnbogadóttir, dass du zu diesem Interview gekommen bist, um dem audiovisuellen Projekt *NS-12* von Kristján Loðmfjörð und Konrad Korabiewski deine Stimme zu leihen. Vielleicht erzählst du uns zuerst einmal, wo und wann du geboren wurdest, wer deine Eltern waren sowie dein Bruder und wo du aufgewachsen bist.

Ich danke ebenfalls! Geboren bin ich am 15. April 1930 in der Tjarnargata in 101 Reykjavík, der Stadtmitte, die damals noch keine Postleitzahl hatte. Meine Mutter hieß Ásta Sigríður Eiríksdóttir, sie war Krankenschwester und eine handfeste Frau, eine Wegbereiterin in sozialen Fragen, die aber auch für Blumen und Handarbeiten etwas übrig hatte. Mein Vater, Finnbogi Rútur Þorvaldsson, war Ingenieur. Er hatte an der Universität Island den Fachbereich Ingenieurwissenschaften gegründet, was sich bezahlt machte, als der Zweite Weltkrieg jegliche Wirtschaftsbeziehungen Islands ins Ausland gekappt hatte.

Meine Eltern wohnten zur Miete bei einem kinderlosen Ehepaar, Leuten, die mir ihre ungeteilte Aufmerksamkeit zukommen ließen, und ich genoss es, das Kind im Haus zu sein. Der Mann hatte ein Bild von den drei Affen, die sich die Augen, die Nase und den Mund zuhalten, und daran brachte er mir bei, meine fünf Sinne zu gebrauchen. Er gab mir auch seine Aktentasche in die Hand und schickte mich »in die Schule«. Ich ging dazu einmal um ihren Esszimmertisch herum – in die Schule. Ich habe viele glückliche Erinnerungen an diese Eheleute, die das Kind aus dem oberen Stockwerk so herzlich aufnahmen. In den Erinnerungen an die Tjarnargata sehe ich diese beiden und ihre Wohnung deutlicher vor mir als meine eigenen Eltern.

Danach zogen wir in die Ásvallagata. Inzwischen hatte ich einen Bruder, Þorvaldur, bekommen, nur anderthalb Jahre jünger als ich. In dieser Wohnung verbrachte ich meine ganze Kindheit und Jugend, bis ich mit zwanzig zum Studium nach Frankreich ging. Ich erinnere mich noch gut an den Umzug in die Ásvallagata, bei dem wir Kinder auf dem Sofa hinten auf dem Lastwagen sitzen durften. Ein ganz besonderer Vorzug war der schicke Elektroherd, auch wenn ich nicht ganz verstand, warum, aber für Mama war er das Nonplusultra, wie das in den Dreißigerjahren eben so üblich war. Als ich vier oder fünf war, gab es an Weihnachten immer Eis, das zum Gefrieren draußen in eine Schneewehe eingegraben wurde, weil es noch keine Gefriertruhen gab. Ich weiß auch noch genau, wie Mama im Keller ihre neue Waschmaschine in Betrieb nahm. Zu diesem Anlass kamen ein paar Frauen zu Besuch, saßen mit ihren Kaffeetassen vor der Maschine und klatschten begeistert Beifall, als sie sich quietschend in Gang setzte.

Es war schön, Kind zu sein. Ich hatte vor nichts Angst, weil ich ja aufpassen musste, dass niemand meinem kleinen Bruder etwas antat. Bei Mamas Freundinnen war ich für mein starkes Verantwortungsgefühl bekannt. Ich erledigte Botengänge für meine Frau Mama und war beleidigt, wenn sie mir allzu genau den Weg beschrieb. Mein Bruder dagegen war ein kleiner Träumer und neigte dazu, sich in seinen Gedanken zu verlieren und seine Pflichten darüber zu vergessen – wenn ich nicht ständig ein Auge auf ihn gehabt hätte.

Schon als kleines Mädchen wollte ich Kapitän werden, denn ich wollte die Welt sehen – das war, bevor man einfach ins Flugzeug steigen konnte –, worauf ich zu hören bekam: »Du kannst nicht Kapitän werden. Du bist doch ein Mädchen!« Zum ersten Mal hatte ich das Gefühl, nicht ernst genommen zu werden. Es war meine früheste Erinnerung daran, dass mir etwas verwehrt blieb, weil ich ein Mädchen war, und zugleich das erste Mal, dass ich mich dagegen auflehnte.

In meiner Kindheit und Jugend war oft die Rede davon, wie es diesem und jenen wohl gehe, egal ob es um Leute ging, die man kaum kannte, oder um die allerbesten Freunde. Das Interesse am Schicksal der Mitmenschen war groß, und man orientierte sich viel mehr an der Vergangenheit als heutzutage – deshalb verstehe ich die Geschichte Islands so gut, viel besser als das Hier und Jetzt oder den Blick nach vorne. Als ich klein war, hörte ich viel über Hochseefischerei, Rudertechniken, über die Fangerträge meiner Verwandten an der Westküste. So kam es, dass ich schon als Kind eine Menge über das isländische Fischereiwesen wusste: Dort herrschte ein ständiger Kampf ums Dasein, und den überlebte man nur, wenn man genug Fisch aus dem Meer zog. Da siehst du, wie lange ich schon auf der Welt bin!

Was ist deine früheste Erinnerung?

Ja, da bin ich bei diesem Ehepaar in der Tjarnargata; ich war, wie schon erwähnt, noch keine zwei Jahre alt, als der Mann mir beibrachte, »in die Schule zu gehen« – einmal um den Esszimmertisch herum. Ich kann mich

as the shadows played on the box-shaped ceiling; I had heard somewhere that films were in a frame. I made it up for him, the details and dialogues of the film, and pointed: look, look at that! Then I went to the cinema, and the screen was right in front of us.

~

What kind of child were you? Unruly, well-behaved?

Certainly not unruly or rude, since I was responsible for my little brother. I went to Landakot School because Mother had gone there and it was a model school; they taught handicrafts and foreign languages, and the Icelandic teachers used the last ten minutes of class to recite Icelandic Sagas off the tops of their heads. So we got the Sagas in our blood and learned to appreciate them.

Nowadays, I'm very preoccupied with how, when the Jews came, I learned multiculturalism as a child. Some Jews were sent for, to come here; sadly, many were turned away. People in cultural affairs decided to invite experts in the arts.

Wolfgang Edelstein, whose father established the music school for children, arrived at Landakot when he and I were eight. He was a nervous wreck after his German Nazi school, where he had been beaten; they punished the Jewish kids whenever anything went wrong. The Sisters asked me to teach the boy both to be quiet in class and to learn Icelandic. I was conscientious and obedient and walked him home every day and spoke Icelandic to him. This led to a lifelong friendship; we're like siblings. Through him, I got to know the Jews who came here. This was an enormous gift that we received, along with the refugees.

Were you religious? Are you religious?

Who isn't religious who knows a fisherman? If something goes unexpectedly well, I say, We were piloted! I like to go to church now and then; the affirmation of faith gives me a sense of security. I'm also grateful to the church for preserving our language. The upshot of my philosophical meditations and discussions with others is to leave it all open. I disagree with what Pascal said, that "these infinite spaces frighten me, *les espaces infinies m'effrayent*." The spaces don't scare me at all: what's out there, beyond the dome of stars, and the void?

Indeed. Sometimes it makes you dizzy just to think about it. But Vigdís, are you a social being or are you a loner?

Both. I'm a lone social being, a social being who walks alone.

Were you a daddy's girl or a mommy's girl?

Both. I was born so late; Mother was 36 and Dad around 40. We were welcome children; they had been married four years. Dad was a perfectionist; he wanted you to do well. I think I was hobbled by his constant expectation that everything would be perfect. He was legendary for his Icelandic, and I'm pretty sure that I would have made a good poet if Dad had not squashed my creativity. I'm prone to writer's block and it's because of Dad—I'm sorry, Dad! He read over my papers and was very demanding; early in my youth, I stopped giving myself free rein.

People never said "Good job!" as they do today. It went without saying that I would excel. Mother was an accomplished woman and wrote many articles, but Dad read them over and I learned from her to obey him. At some point, when I persuaded myself to write independently, a paper about a Van Gogh painting, I got a high mark, eight or nine, and I had always gotten lower marks for style. Then I knew I could do it on my own, but by then I'd been molded, brought up, taught to shake hands!

Did your parents influence your career?

Yes, no doubt about it. But then again, they were very open to my going to France; when I explained that I wanted to get to know the cradle of European civilization and had started keeping tabs on foreign culture, then yes, of course, they thought I should go abroad. Back then, there was no telephone, only letters. In Paris, I lived on the third or fourth floor, and twice a day, I'd bound down all that way to see if any letters had come.

~

What's your favorite word?

Friendship, love, warmth—they're the basis of everything. People who feel no fondness for others are not generally pleasant. I consider myself lucky in how much affection I feel toward people. I seldom meet a person I can't reconcile with. It's in my nature to understand and feel warmth for others. I can easily

letztlich alles Übungssache. Es ist kaum zu glauben, wie man seine Wesensart selbst beeinflussen kann, wenn man sich nur genug Mühe gibt.

Und was macht dich betrübt?

Alles, was traurig ist, nicht zuletzt das Unglück anderer, wenn ich zum Beispiel jemanden treffe, der viel verloren hat. Ich bin traurig darüber, wie weit es mit unserer Erde gekommen ist und dass wir keinen Frieden halten können. Ich werde traurig, wenn ich über die unzähligen Menschen lese, die ihr Heimatland verlassen müssen, und über die, die ihre Kinder verloren haben. Der Zustand der Welt bedrückt mich, wie auch der Gedanke, dass Island zur Nazizeit die jüdischen Flüchtlinge zurück nach Deutschland geschickt hat.

Ich werde jedes Mal unendlich traurig, wenn ich von einem Schiffsunglück draußen auf See erfahre. Am jährlichen Seemannstag besuche ich den Festgottesdienst der Seeleute und bin jedes Mal unendlich froh, wenn auf der Seemannsfahne kein neu aufgenähter Stern zu sehen ist – was bedeutet, dass im vergangenen Jahr niemand auf See zu Tode gekommen ist.

~

Würdest du uns etwas von deiner Schulzeit erzählen?

Ich habe das Gymnasium von Reykjavík besucht und dort meinen Schulabschluss gemacht. Anschließend studierte ich in Frankreich dreieinhalb Jahre lang Theaterwissenschaften, zog dann nach Dänemark und nahm Theater- und Schauspielunterricht. Im Jahr darauf heiratete ich und setzte meine Theaterausbildung in Schweden fort. Nach der Scheidung von meinem Mann kehrte ich zurück nach Island, schrieb mich hier an der Universität für Englisch und Französisch ein und machte meinen Studienabschluss. Ich sei weder Ärztin, Anwältin noch Pfarrerin, erinnerte mich meine Mutter, als ich verkündete, dass ich mich zur Präsidentschaftswahl aufstellen lassen wolle. »Aber Mama«, antwortete ich, »dafür habe ich immerhin ein geisteswissenschaftliches Studium in der Tasche.«

Und wie war es, nach den Jahren im Ausland wieder nach Hause zu kommen?

Endgültig nach Hause kam ich 1960, mit den Grundlagen der Theaterwissenschaft im Gepäck; da wurde mir vom Intendanten des Nationaltheaters eine Stelle in der Bibliothek des Hauses angeboten, wobei ich außerdem für die Programmhefte zuständig war. Und kurz darauf gründete ich mit ein paar guten Freunden die Theatergruppe Gríma.

Die Theatergruppe Gríma (1961 bis 1970) war, wie schon erwähnt, eine unabhängige Schauspielervereinigung, die dem isländischen Publikum unter anderem das Absurde Theater nahebrachte.

Ja, als 1950 das Nationaltheater gegründet wurde, gab es so viele Stücke, die auf ihre isländische Uraufführung warteten – das muss man sich mal vorstellen: die gesamte Theaterliteratur der Welt. Und wie viel wir noch dazulernen, wie schnell wir aufholen mussten, um uns mit unseren Nachbarländern messen zu können! Wir, die um 1960 aus dem Ausland nach Hause kamen, brachten den Absurdismus nach Island: Die Stadt stellte uns eine Kinobühne zur Verfügung, Dieter Roth entwarf unser Logo, Þuríður Kvaran und ich begannen, Sartre zu übersetzen und ihn auf die Bühne zu bringen, so wie danach noch viele andere neue Werke aus dem In- und Ausland.

Gleichzeitig unterrichtete ich Französisch und Theaterwissenschaft, arbeitete im Sommer als Reiseführerin, organisierte Touristentouren durch ganz Island und war als Herausgeberin tätig. Dann kam mir zu Ohren, dass in den Reihen der Schauspieler der Vorschlag laut geworden war, ich solle mich doch für die ausgeschriebene Intendantenstelle am Theater Reykjavík bewerben. Zwei Minuten vor zwölf hatte ich meine Bewerbung fertig – und die Tochter meiner Freundin sprang auf ihr Fahrrad und radelte im Eiltempo mit dem Brief hinunter in die Stadt.

Sehr schön! Du warst vier Jahre jünger als ich jetzt, Vigdís, als du für das Amt des Staatspräsidenten kandidiert hast. Ich jedenfalls hätte mir niemals die nötige Reife zugetraut, die ein solches Amt erfordert.

Ich hatte es mir selbst ja auch nicht zugetraut! Aber damals wurde ich von allen Seiten bedrängt, so dass ich meine Tätigkeit im Iðnó-Theater gar nicht mehr ausüben konnte – ich kam dort einfach nicht zum Arbeiten. Alle hielten mir lange Unterschriftenlisten unter die Nase, bis meine Theaterkollegen schließlich sagten: »Du musst dich entscheiden.« Ich ging nach Hause, um dort zu arbeiten, und als ich auch da keine Ruhe fand, lieh ich mir von jemandem eine Wohnung. Dann kam das

try to keep that under wraps. I guess shyness is the trait I least value in myself. It always surprises people.

What do you like to do most?

Hundreds of things. To play.

What is your idea of perfect happiness?

It doesn't exist.

~

Can you compare this summer of 2016 campaign with the summer of 1980 race that you took part in?

No. It was entirely different, for the simple reason that thirty-six years have passed. Of course, I began a new chapter in Icelandic history, by approaching the people in an unprecedented way, and by being a woman. It took so long to invent the woman!

I went all over the country in my campaign and never stayed in a hotel, never ate in a restaurant, slept in children's bedrooms, and dined with the people. It was a trailblazing, grassroots campaign.

I was also lucky to know the countryside so well from having been a tour guide in the summers. And that's where fishermen had the most sway.

I know of no male group in Iceland that speaks as beautifully of women as fishermen. They of all people know that women take care of everything onshore; they can sail off calm in the knowledge that there's a woman onshore looking out for their interests. That's why I'm a great admirer of fishermen as a group.

What was it like to jump from running a theater to being president?

Nowhere in the world's universities can you acquire a Master of Presidency degree, certainly not in Iceland. Yet in theater, you learn to understand human behavior, conditions, and social structure. Theater delineates a person, and the actor on stage is the same size as the person. On a cinema screen, the person is far larger, on television far smaller. It's impossible to study your way to the presidency, but I know of no better preparation than the theater.

The presidency of Iceland revolves around people and connecting people to the land and environment. My connection was to bind the soil, and to teach kids how to bind the soil, which was being scoured away—to bind eroded hills and plant trees. It's a gift from God that vegetation absorbs carbon. Now I've joined the campaign to fill in ditches. We've dried the land, dried the wetlands, the kidneys and lungs of the world.

You're an environmentalist?

Oh, yes. I always have been.

~

What's your favorite color? And flower?

My favorite color is blue and my favorite flower is the wild flora of the Icelandic countryside; I can't choose between "the eye of spring"—moss campion, that is—and cottongrass or the riverbeauties. A spread of riverbeauty is one of the most beautiful sights I've seen. And it's awfully beautiful to come upon a hollow full of cottongrass.

Favorite bird?

Cousin, this is a three-glasses-of-wine interrogation! My favorite bird is the golden plover, who "comes in spring to sing away the snow." It was also fun to see the oystercatchers bobbing around Bessastaðir [the presidential mansion]; there you also had the white-fronted goose—not a particularly beautiful bird, and neither is the brent goose.

Do you have a favorite fictional character?

No.

A favorite author?

No, certainly not.

What's your favorite type of music?

I mostly listen to classical music, but also greatly enjoy the more recent French music. I enjoy some pop music, but prefer to listen to pop with other people, at a concert. Here at home, while writing, I'll put on Mozart or Beethoven, Schubert, Bach—you name it!

Did one particular era shape you more than others?

Those years after I came home, just after I turned thirty, and until I turned fifty and became president, shaped me. That's when I put my mind to many intellectual tasks that served me well indeed as president.

Telegramm von den Seeleuten, und ich glaube, dieser Moment war der eigentliche Wendepunkt.

In der Nacht vor der Pressekonferenz staubsaugte ich das Haus von oben bis unten – ich greife immer zum Staubsauger, wenn ich eine wichtige Entscheidung treffen muss –, und bis zum Morgengrauen hatte ich beschlossen, nicht zu kandidieren, rief den Theaterleiter an und teilte ihm das mit. Er antwortete: »Vigdís, für einen Rückzieher ist es jetzt zu spät. Um neun Uhr hast du die Journalisten vor deiner Tür.«

Bis heute bin ich mir sicher, das Telegramm der Seeleute hat bei dieser Entscheidung den Ausschlag gegeben. Aber Präsidentin wollte ich niemals werden. Ich wollte nur beweisen, dass eine Frau auch ohne den Rückenwind ihrer politischen Gesinnungsgenossinnen, wie etwa Indira Gandhi oder Golda Meir, bei einer Präsidentschaftswahl kandidieren kann. Das Jahr 1980 stand für mich unter einem besonders glücklichen Stern; ohne dass ich jemals Mitglied einer politischen Partei gewesen war, hatte ich immer das Richtige gewählt. Als mich dann alle bedrängten, mich doch zur Wahl zu stellen, kam diese gewaltige Flutwelle ins Rollen. Und dass man mich durch meine Französischstunden aus dem Fernsehen kannte, hat zumindest nicht geschadet.

Das war eine wirklich interessante Sendereihe – schade, dass man die nicht auf YouTube findet.

Als ich während des Wahlkampfs durch Island reiste, rannten mir die Kinder entgegen und riefen: *Bonjour, Madame! Bonjour!* Meine Bekanntheit durch das Fernsehen hat bei meinem Wahlerfolg wahrscheinlich den Ausschlag gegeben. Und das gilt noch heute: Politiker, die bekannt werden wollen, haben es leichter, wenn man sie aus Funk und Fernsehen kennt. Stell dir das doch mal vor: Als Kind saß meine Mutter im Schein einer Kerze und las Tolstoi, und für meine Großmutter war das Radio die großartigste Neuerung ihres Lebens!

~

Was schätzt du im Charakter eines Menschen am meisten?

Aufrichtigkeit und Humor.

Und was am wenigsten?

Unehrlichkeit – der Ursprung allen Übels.

Welche sind deine Vorzüge, Vigdís?

Die wage ich hier nicht aufzuzählen, und ich denke auch nie darüber nach. Eigentlich habe ich gar keine Vorzüge; ich halte mich für ziemlich durchschnittlich und versuche auch nicht, mich von der breiten Masse abzuheben. Ich gehe gern ins Theater oder ins Konzert, oder ich schaue mir spontan, oft auch allein, einen Film im Kino an.

Und welche Charakterzüge an dir magst du überhaupt nicht?

Eine gewisse Schüchternheit und mein mangelndes Selbstbewusstsein. Schüchtern war ich schon immer, aber so etwas darf man natürlich nicht laut sagen, und manchmal fühle ich mich minderwertig – das habe ich von meinem Vater. Ich muss oft allen Mut zusammennehmen, um so zu tun, als sei alles in Ordnung, schließlich darf man sich das keineswegs anmerken lassen. Es ist wohl tatsächlich meine Schüchternheit, mit der ich am wenigsten zurechtkomme, und sie überrascht auch andere am allermeisten.

Was macht du am liebsten?

Da gibt es ungeheuer viel. Spielen.

Was ist deine Vorstellung vom (perfekten) Glück?

Das gibt es nicht.

~

Kannst du den aktuellen Wahlkampf (Sommer 2016) mit dem vergleichen, bei dem du damals, im Sommer 1980, kandidiert hast?

Nein, das war etwas völlig anderes, aus dem einfachen Grund, weil seitdem sechsunddreißig Jahre vergangen sind. Sicherlich habe ich in der Geschichte Islands ein neues Kapitel aufgeschlagen, denn ich bin ganz anders auf die Menschen zugegangen, als man es bis dahin kannte – und ich bin eine Frau. Es hat einfach so lange gedauert, die Frau zu erfinden!

Während des Wahlkampfes reiste ich durchs ganze Land; ich übernachtete nie im Hotel, ging nie ins Restaurant, sondern schlief bei Leuten in Kinderzimmern und saß mit ihnen beim Abendessen. Ich habe einen neuartigen, bahnbrechenden Wahlkampf an der Basis betrieben. Außerdem hatte ich das Glück, unser Land in- und auswendig zu kennen, da ich ja im Sommer als Fremdenführerin gearbeitet hatte. Und nicht zuletzt

Your first decade in office, the eighties, was in many minds a time of glitz and glamour, when Western culture lost its innocence, the era when Reagan and Thatcher held the reins of Western power. How do you see that decade now, in 2016?

As a female, I'm required to not be dowdy; I have to dress as formally as my foreign counterparts, wear fancy pantsuits and evening gowns on trips. Then I got the notion of seeking out Snorri Sturluson for help when I was obliged to give speeches on Iceland.

When people have listened to many hundred speeches about the European Union, EFTA, and NATO and are drowsing over their soup, they perk up when a woman speaker tells stories from the *Eddas*, of when Thor wrestles the crone and can't pin her because the crone, of course, is Old Age; of how they bound the Fenris Wolf; and of Odin, who gives up an eye for wisdom. The Sagas are so avant-garde! In Iceland, we have no palaces or ramparts, but we have word-castles.

Could you describe in a few words how the first decade and a half of this century has appeared to you?

It's good to age, if you're healthy. You've seen so much; you become critical and doubt everything. So many gains have been made in all areas of technology and science, yet humankind hasn't managed to establish world peace, to contain the enormous population increase, or to make people understand that nature is not our slave, that we are rather her servants.

Greed has been very prominent, these first sixteen years. People would rather squeeze every last drop out of nature than unite to curb greed and honor resources. Wars rage in so many places, sometimes due to age-old beliefs. People are raised to believe that one thing is right, but there is never one single right thing; there are many possibilities, many sides to everything.

~

Are you brave?

Yes, I have to say so, though not as a goal; I jump in the pool if I have to. Or to put it better: I'm not timid; I will take on a challenge.

Are you eager for adventure or novelty?

Yes, I'm open to innovation, but when adventure knocks, I'm cautious and proceed carefully.

I computerized the president's office right away, ahead of many; I'm always on the alert for new avenues of useful innovation, and always take an interest in new directions in literature and the arts. After all, I went to France to discover why they started writing avant-garde!

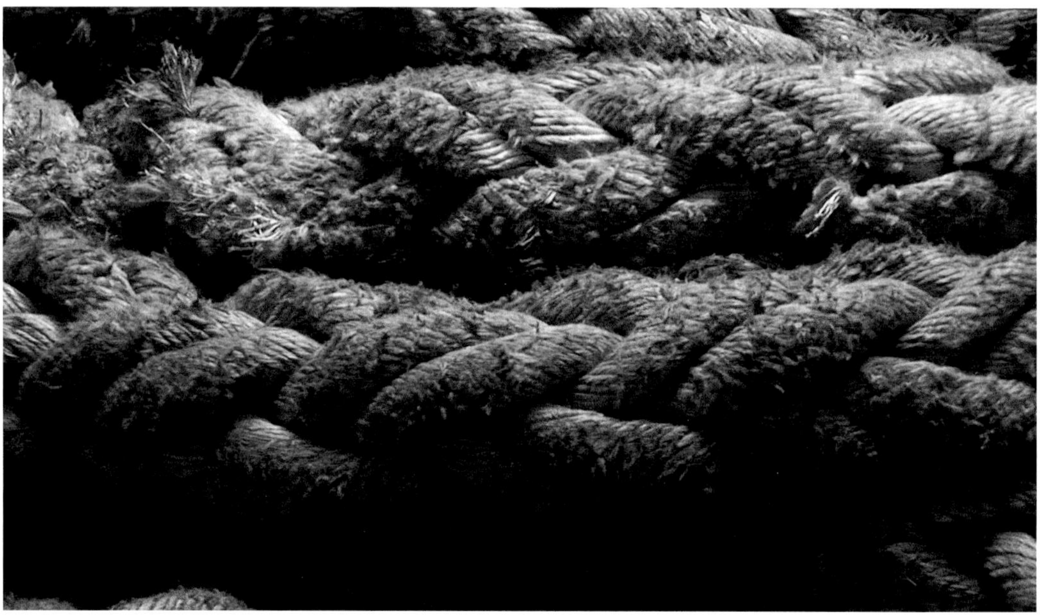

spielten dabei auch die Seeleute wieder eine maßgebliche Rolle.

Ich kenne in Island keine männliche Gruppierung, die so schön über Frauen sprechen kann wie unsere Seeleute. Sie wissen besser als jeder andere, dass die Frauen hier im Land die Fäden in der Hand halten. Sie können beruhigt aufs Meer hinausfahren, weil sie zu Hause eine Frau haben, die alles im Griff hat und die Stellung hält. Deshalb bin ich eine so begeisterte Anhängerin der Seemannszunft.

Wie war es, den Arbeitsplatz einer Theaterdirektorin gegen den Präsidentensessel zu tauschen?

An keiner Universität der Welt kann man den Abschluss »Dipl. präs.« oder »Dr. präs.« erwerben – jedenfalls nicht in Island. Am Theater dagegen lernt man, menschliches Verhalten zu verstehen, Lebensumstände und Gesellschaftsstrukturen. Die Schauspielkunst definiert den Menschen, bildet ihn eins zu eins ab, und auf der Bühne ist der Schauspieler genauso groß wie in Wirklichkeit. Auf der Kinoleinwand dagegen ist er viel größer als er selbst – und im Fernsehen viel kleiner. Präsident zu werden kann man nicht an der Uni studieren, aber ich kann mir keine bessere Vorbereitung auf dieses Amt denken als das Theater.

In Island dreht sich das Amt des Präsidenten um die Menschen und darum, ihnen Land und Umwelt nahezubringen. Mein Ansatz dazu war, das Land zu befestigen und den Kindern beizubringen, wie man das macht, bevor das Land vom Wind weggefegt wird: Sturmgepeitschte Berghänge befestigen und Bäume pflanzen, das war mein Anliegen. Es ist ein Geschenk Gottes, dass die Vegetation Kohlenmonoxid bindet. Heute setze ich mich dafür ein, die Entwässerungsgräben wieder zuzuschütten. Dadurch hat man den Sumpfgebieten – den Nieren und Lungen der Erde – das Wasser abgegraben und das Land regelrecht ausgetrocknet.

Du bist Umweltaktivistin?

Allerdings. Und das war ich schon immer.

~

Was sind deine Lieblingsfarbe und deine Lieblingsblume?

Meine Lieblingsfarbe ist Blau, und meine Lieblingsblumen sind die Wildpflanzen draußen in der isländischen Natur – da kann ich mich nicht zwischen dem Leimkraut, das auch Polsternelke genannt wird, dem Wollgras und dem Weidenröschen entscheiden. Dichte Kissen aus Weidenröschen sind mit das Schönste, was ich kenne. Und plötzlich auf ein mit Wollgras betupftes Sumpfgebiet zu treffen, das ist einfach unbeschreiblich.

Lieblingsvogel?

Was wird das hier? Das sind Fragen, die man nach dem dritten Glas Wein stellt … Mein Lieblingsvogel ist der Goldregenpfeifer, wenn »im Frühjahr sein Lied den Schnee vertreibt«. Und während meiner Zeit auf *Bessastaðir* [dem Wohnsitz der isländischen Präsidenten] habe ich gerne den Austernfischern beim Herumstaksen zugeschaut, dort gab es auch Blässgänse, obwohl die, ähnlich wie die Ringelgänse, keine besonders ansehnlichen Vögel sind.

Hast du eine Lieblingsfigur in der Literatur?

Nein.

Einen Lieblingsautor oder eine Lieblingsautorin?

Nein, auch nicht.

Hörst du viel Musik?

Ja.

Was ist deine Lieblingsmusik?

Am liebsten höre ich klassische Musik, aber ich interessiere mich auch für französische, eher modernere Musik. Ich mag außerdem manche Art von Popmusik, aber dazu muss ich in einer Menschenmenge sein, bei einem Konzert. Hier bei mir zu Hause lege ich Mozart oder Beethoven auf, Schubert, Bach – you name it!

~

Gibt es eine Zeit in deinem Leben, die dich mehr geprägt hat als andere?

Diese Jahre mit Anfang dreißig, nachdem ich aus dem Ausland zurückkehrte, bis ich mit fünfzig Präsidentin wurde, diese Zeit hat mich stark geprägt. Da habe ich mich mit vielen intellektuellen Aufgaben beschäftigt, was mir später in meinem Amt als Präsidentin von großem Nutzen war.

Das erste Jahrzehnt deiner Amtszeit, die Achtzigerjahre, stehen bei vielen für Glitzer und Glamour, es

Do you turn in early, or are you a night owl?

No. "Early to bed, early to rise." I work best in the morning and sometimes fall asleep all worried, but then get up at five or six o'clock to finish what I need to do; it sharpens my mind. I always have to worry because it makes me sharp at the last minute. I can be dull as a sheep in the evening. I'm a last-minute person; I dash out of here and jump in the taxi with my speeches hot from my printer.

Are you punctual?

Very, and always have been; otherwise, I'm unhappy. As I say, I invariably do everything at the last minute because I get so sharp before the deadline, but despite procrastinating, I pride myself on punctuality. My real downfall is obligingness.

Where else would you like to live? The country, a village, a city?

I wouldn't live anywhere but Reykjavík. Copenhagen agrees with me splendidly and I always enjoy going to Paris and Berlin. I'm very fond of being out in the country, yet I think I wouldn't last anywhere but Reykjavík. Reykjavík is my constant.

What's your favorite meal?

Good shellfish and risotto are awfully good.

What are you most afraid of?

Losing my health.

Which virtue is overrated?

Can virtues be overrated?

How about underrated?

I was raised to see honesty in all matters as the paramount virtue, and I think greed is bad. Greed leads to conflagrations, and I'm a big-time pacifist. I also think overambition is a terribly uncomfortable stance in life; egotism lurks in overambition.

What's the most valuable thing you have?

My health.

What do you see as the worst misery?

Hunger.

~

Tell me, in conclusion: is being a female president different from being a male president? How does the office of a male president differ from that of a female president?

There should be no difference where mental achievement is concerned, but a woman has a little more work because of the requirement to concern herself with clothing.

How do you feel that society has changed since you were president?

Back then, neither Facebook nor the magazine *Seen and Heard* had been invented.

Are you a poetry lover?

When I was at Bessastaðir, I kept on buying our young poets' collections for myself. I left them there at the mansion, in the "poetry cupboard" in Thomsen's Room.

Hopefully, the cupboard stands there still.

war die Zeit, als die westliche Kultur ihre Unschuld verlor und Reagan und Thatcher die Macht über Europa unter sich aufteilten. Wie siehst du dieses Jahrzehnt heute, im Jahr 2016?

Als Frau konnte ich es mir nicht erlauben, mich gehen zu lassen – ich musste genauso stilvoll auftreten wie meine ausländischen Kollegen, in gepflegten Kostümen und auf Reisen auch in eleganter Abendgarderobe. Später, wenn ich eine Rede über Island halten sollte, gewöhnte ich mir an, mich bei Bedarf in der Werkstatt des alten Snorri Sturluson oder bei sonstiger Literatur aus dem isländischen Mittelalter zu bedienen.

Wenn alle schon Hunderte von Reden über die EU, den Europäischen Wirtschaftsraum und die NATO gehört haben und kurz vor dem Einnicken sind, dann braucht die Rednerin nur ein paar Geschichten aus Snorris *Edda* einzuflechten, und schon sind alle wieder munter: Anekdoten von Thor, der mit einem alten Weib ringt und verliert, weil er das Alter selbst vor sich hat; vom Wolf Fenrir, der sich losreißt und schließlich doch in Fesseln gelegt wird; von Odin, der sein Auge gegen die Weisheit aufs Spiel setzt. Diese Geschichten sind so Avantgarde! Hier auf Island haben wir zwar keine Paläste und Schutzwälle, aber wir haben Wort-Schlösser!

Kannst du in ein paar knappen Worten beschreiben, wie du die ersten anderthalb Jahrzehnte dieses Jahrhunderts empfunden hast?

Es ist schön, älter zu werden, solange man gesund ist. Man hat allerdings schon so viel gesehen, dass man sehr kritisch geworden ist und alles in Zweifel zieht. Der Mensch hat in Wissenschaft und Technik, wie auch auf allen anderen Gebieten, viel erreicht und dazugelernt, aber bisher ist es ihm weder gelungen, Frieden in der Welt zu schaffen, noch, die Bevölkerungsexplosion einzudämmen oder wirklich jedem bewusst zu machen, dass wir die Natur nicht ausbeuten dürfen, sondern ihr dienen und sie pfleglich behandeln müssen.

Die Gier gehört zu den vorherrschenden Merkmalen dieser ersten sechzehn Jahre. Die Menschen versuchen, der Natur so viel wie nur irgend möglich abzupressen, statt sich zusammenzutun, um diese Gier zu bekämpfen und die natürlichen Ressourcen zu respektieren. Vielerorts in der Welt toben Kriege, die oft auf uralte Glaubenskämpfe zurückgehen. Der Mensch wächst in der Überzeugung auf, es gäbe nur das eine, einzig Wahre. Doch dieses »einzig Wahre« gibt es nicht. Es gibt immer viele Wege zum Ziel sowie viele unterschiedliche Sichtweisen.

~

Bist du mutig?

Ja, ich denke, das bin ich, ohne dass ich mir das zum Ziel gesetzt hätte – ich springe ins kalte Wasser, wenn es sein muss. Oder vielleicht sollte man es besser so formulieren: Ich bin nicht feige, ich nehme Herausforderungen an und stelle mich ihnen.

Bist du abenteuerlustig, reizt dich Neues?

Ja, ich bin immer offen für Neues, aber wenn ein Abenteuer auftaucht, bin ich vorsichtig. Ich habe zum Beispiel damals sofort das gesamte Präsidialamt digitalisiert und war damit vielen anderen voraus. Ich bin immer auf der Suche nach nützlichen Neuerungen und finde es ungeheuer spannend, wenn jemand, etwa in Literatur und Kunst, seinen Weg auf ungewohnte, neue Art beschreitet. Genau zu diesem Zweck bin ich damals nach Frankreich gegangen – um herauszufinden, warum die Franzosen auf einmal so avantgardistische Texte schrieben!

Bist du Frühaufsteherin oder eine Nachteule?

Nein, »Morgenstund hat Gold im Mund«. Ich kann morgens am besten arbeiten, während ich abends manchmal nicht mehr weiterkomme und ganz unzufrieden und erschöpft schlafen gehe. Aber dann stehe ich dafür am nächsten Morgen um fünf oder sechs Uhr auf – denn bis dahin bin ich wieder klar im Kopf – und bringe das zu Ende, was fertig werden muss. Ich brauche immer erst den Zeitdruck, um dann in letzter Minute zu Hochform aufzulaufen. Abends kann ich eine ziemlich trübe Tasse sein, denn ich bin ein Auf-den-letzten-Drücker-Typ, der morgens mit seinem Redemanuskript, direkt aus dem Drucker und daher noch warm, aus dem Haus rennt und ins nächste Taxi springt.

Bist du ein pünktlicher Mensch?

Sehr, und das war ich schon immer, sonst fühle ich mich nicht wohl. Ich selbst sage immer: Ich komme regelmäßig und überall um fünf vor zwölf, weil ich knapp vor Ablauf der Frist am klarsten denken kann. Aber trotz dieser Aufschieberitis halte ich mich für pünktlich. Mein größter Fehler ist, dass ich es immer allen recht machen will.

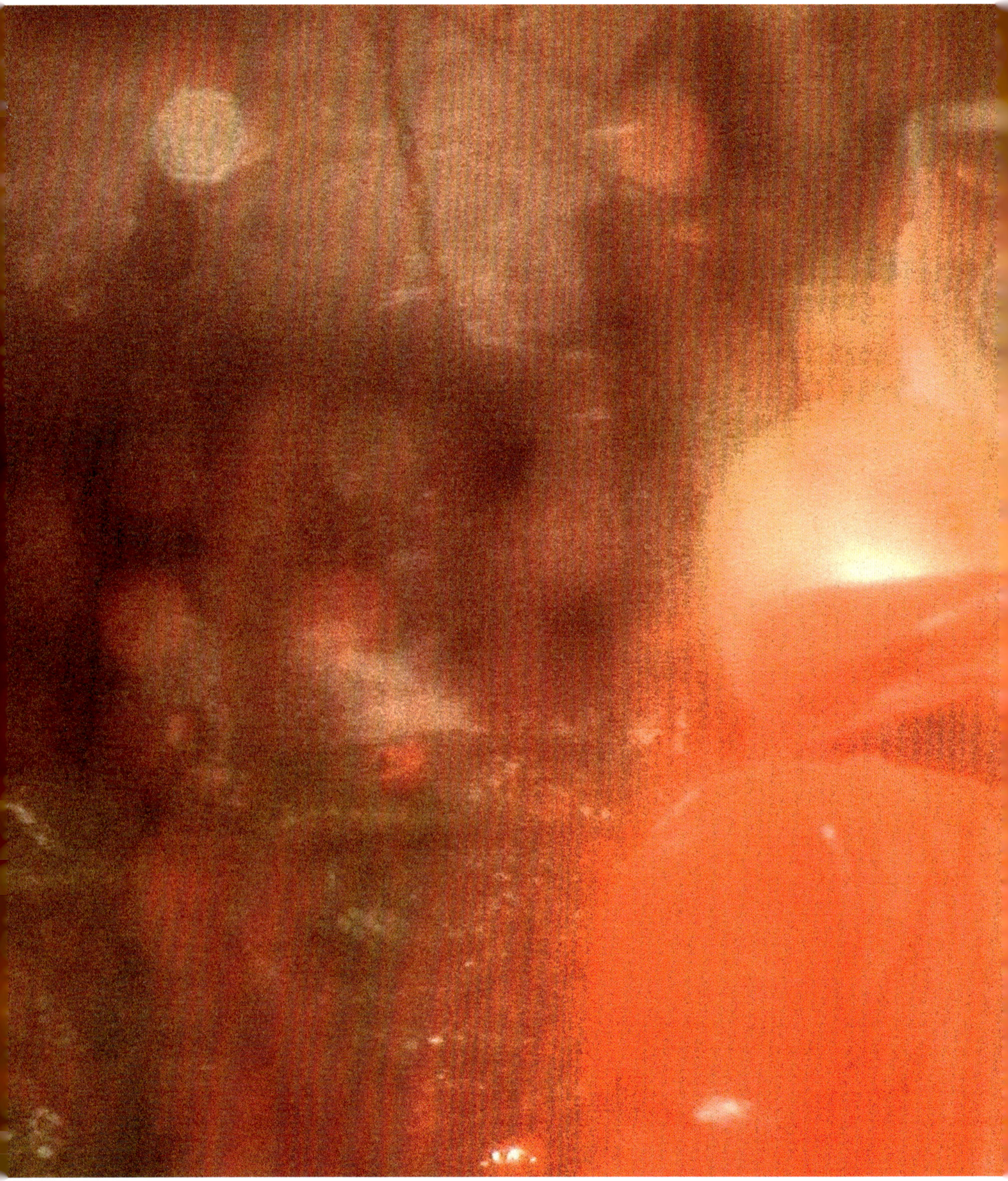

Wo würdest du, außer in Reykjavík, gerne leben? Auf dem Land, in einem kleinen Ort, einer Stadt?

Ich möchte nirgendwo anders leben als hier in Reykjavík, obwohl ich mich auch in Kopenhagen ausgesprochen wohlfühle und gerne nach Paris oder Berlin reise. Ich schätze das Landleben sehr, aber ich glaube, ich würde es nirgendwo anders auf Dauer aushalten als in Reykjavík. Hier komme ich zur Ruhe.

Was ist dein Lieblingsgericht?

Gut zubereitete Meeresfrüchte und Risotto esse ich für mein Leben gern.

Wovor hast du am meisten Angst?

Meine Gesundheit zu verlieren.

Welche Tugenden werden überschätzt?

Kann man eine Tugend überschätzen?

Und welche wird unterschätzt?

So wie ich erzogen wurde, ist Aufrichtigkeit in jeder Hinsicht die größte Tugend und Gier das größte Laster. Gier führt zu Krieg, und ich bin eine leidenschaftliche Pazifistin. Auch Selbstüberschätzung halte ich für eine äußerst ungute Lebenshaltung, denn sie wiederum beinhaltet Selbstgefälligkeit.

Was ist das Kostbarste, das du besitzt?

Die Gesundheit.

Was ist für dich das schlimmste Elend?

Hunger.

~

Eine Frage noch zum Schluss: Ist die Wahl zum Staatsoberhaupt für eine Frau anders als für einen männlichen Kandidaten? Worin genau liegt der Unterschied?

Eigentlich sollte es da keinen Unterschied geben, zumindest nicht, was die geistigen und intellektuellen Fähigkeiten betrifft. Allerdings bedeutet es für eine Frau mehr Aufwand, weil sie sich viel mehr um ihre Kleidung und ihr Äußeres kümmern muss.

Was hat sich deiner Meinung nach in unserer Gesellschaft seit deiner Zeit als Präsidentin verändert?

Damals gab es weder Facebook noch Klatschblättchen wie *Seen and Heard*.

Bist du eine Lyrik-Anhängerin?

Als ich auf Bessastaðir wohnte, kaufte ich mir oft Anthologien junger Lyriker. Als ich auszog, ließ ich sie auf dem Landsitz im sogenannten »Poetischen Bücherschrank« im Thomsen-Saal zurück.

Dann wollen wir hoffen, dass dieser Bücherschrank auch heute noch dort steht!

Daniel Canty

Gold Maker

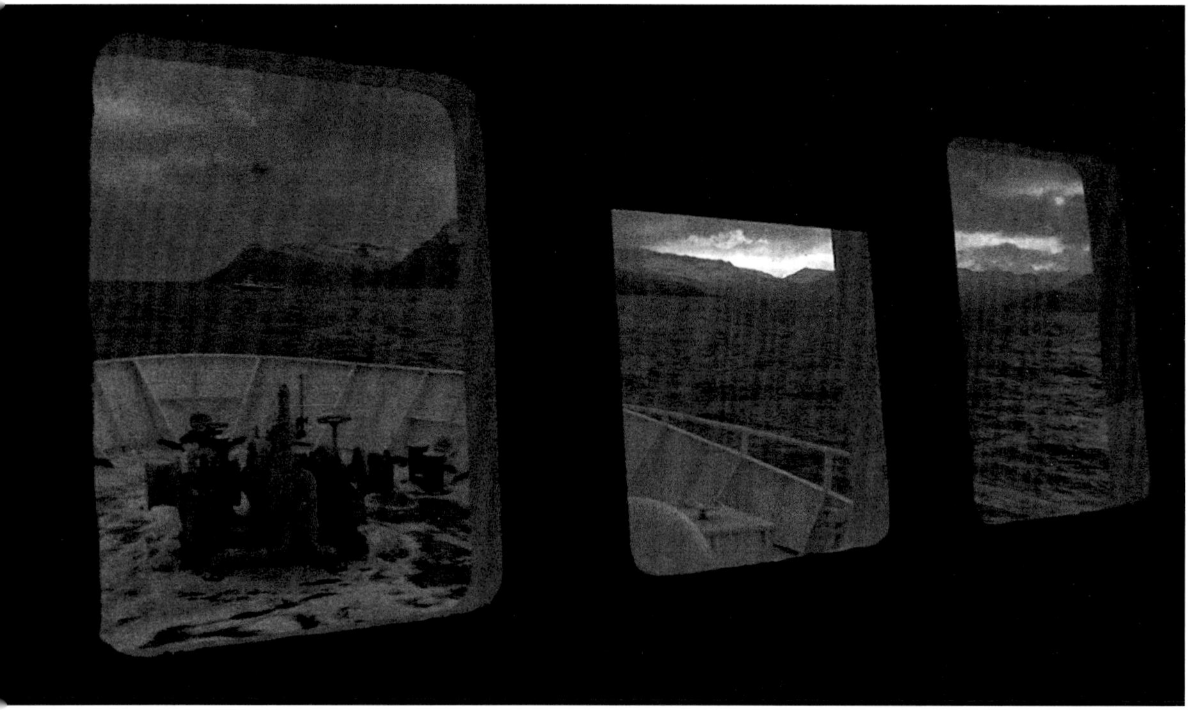

The light of film has spilled into the haze of the fjord, swallowed up the ship. Gold Maker *is turning into a field of energy, tense with its own attractions. We are granted one outside look before sinking in. A tiny orangey dot floats in a vale of mist. A foghorn hoots its signal. Gazes move inwards, through the cyclopean eye of a porthole, turning its blind pupil to us, slowly swallowing our attention, funneling the darkness. Corridors, droning machinery, oil-and-saltwater-drenched decks, glimpses of human movement: a discombobulated ensemble obeying its own gravity. The ship, though we seek to understand its space and time, has been reconstructed as frequency and modulation, a set of patterns within patterns, holding their own against the threat of dislocation. Would-be sailors must be willing to drown in the wavelengths, hold dear to their faith in matter.*

–1–

"Standing waves do not change their shape."
Richard Feynman, *QED*, 1985

Daniel Canty

Gold Maker

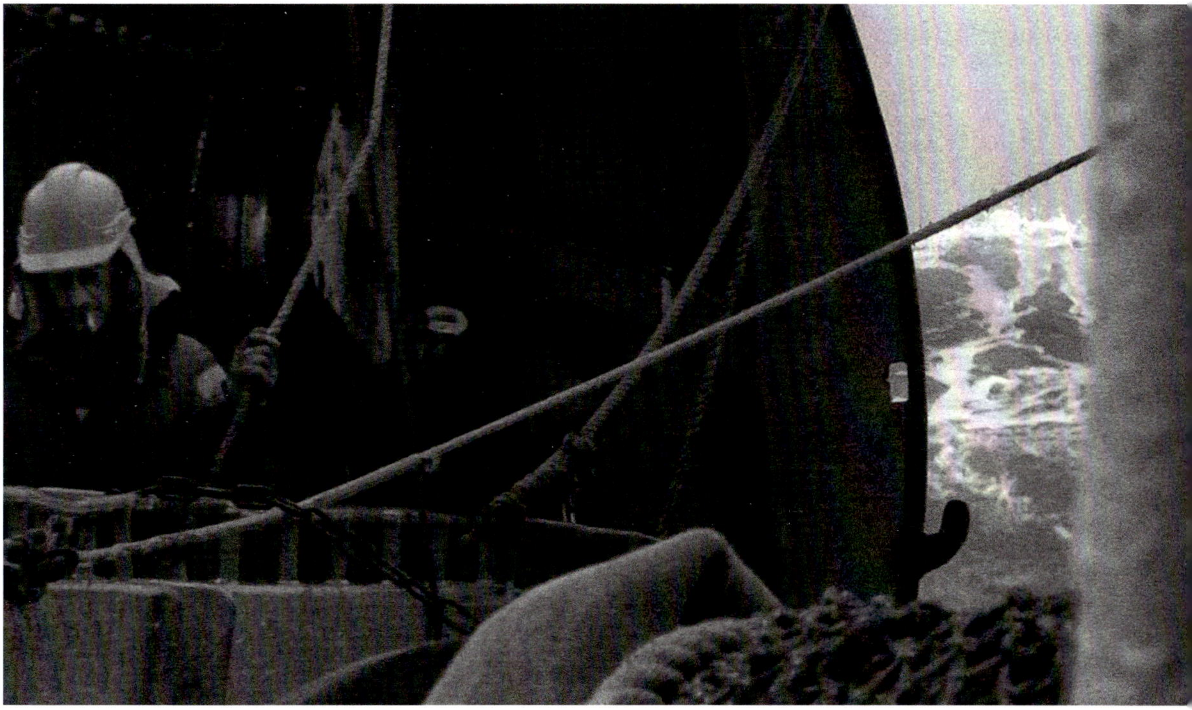

Licht hat sich in den Dunst des nebelverhangenen Fjords ergossen, hat das Schiff verschlungen. Die Gold Maker *wird zu einem Feld aus Energie, aufgeladen mit ihrer eigenen Kraft. Einen kurzen Blick erhaschen wir von außerhalb, bevor wir versinken. Inmitten der Dunstschwaden schwebt ein winziger orangefarbener Punkt. Ein Nebelhorn ertönt. Blicke wenden sich nach innen, durch das zyklopische Auge eines Bullauges, das seine blinde Pupille auf uns richtet, schleichend unsere Aufmerksamkeit schluckt, die Dunkelheit durchströmt. Korridore, dröhnende Maschinerie, von Öl und Salzwasser durchtränkte Decks, flüchtige Eindrücke menschlicher Bewegung: ein wirres Gemenge, seiner eigenen Schwerkraft ergeben. Das Schiff – so sehr wir auch versuchen, seinen Raum und seine Zeit zu begreifen – wurde rekonstruiert als Frequenz und Modulation, als eine Reihe von Mustern innerhalb von Mustern, die sich behaupten müssen gegen die drohende Entortung ihrer selbst. Möchtegern-Seemänner müssen bereit sein, in den Wellenlängen zu ertrinken, und zugleich ihren Glauben an die Materie bewahren.*

– 1 –

»Stehende Wellen verändern ihre Form nicht.«
Richard Feynman, *QED*, 1985

Arc of Winter

A lone weather station stands sentinel over the gateway to the fjord. Birds are known to congregate on Skálanes peninsula by the thousands. At this time of year, they are not yet to be seen, flitting about the antennas like living signals.

It is said that the town of Seyðisfjörður, at the end of its fjord, exudes an odd electromagnetic attraction, bending signals and sound waves around itself. We have drawn a full arc back to winter. Wind-up birds, turning the clock back to zero.

Crossing the fjord's corridor is the work of hours. Passengers congregate on the top deck, in the hush that follows waking. The air is crisp with an end-of-winter chill. Pastel mountains, snow-crowned and fog-wreathed, seem to rise right out of the sea. The pristine blue waters surrounding the ferry mirror the sky: clouds above and also below. This is where, in seafaring tales, a passage to the Hollow Earth was found.

The would-be sailor who mills about the deck in his blue overcoat, fighting seasickness, has been studying the structure of the universe. Quantum physics assures us that we are walking on glass. Physical law prohibits particles with differing charges from occupying the same position. In consequence, the lattice of things holds strong, and we can walk upon matter without sinking. Reality is manifold, magnetized, bottomless. The mystery of wave and place holds true. *Blue is the color blind, crystal its shape.*

Birdþing

Three days ago, MS Norröna set out from Hirtshals, on the coast of Jutland, for its journey to Seyðisfjörður. A six-hour early-morning stopover at Tórshavn, in the Faroe Islands, was not enough to dispel the abiding feeling of the sea. One must learn to tread along with the heave underfoot, the swaying inside.

Birds, sliding along on smooth vectors in the air around the ship, seem to experience no such discomfort. The booklet *Birds of the Faroe Islands*, provided free of charge at the fourth-floor information kiosk, has some fine advice for amateur ornithologists. Only birds lost on their way to the ocean can be touched. All others are likely to attack. They may even viciously aim for the head. Sometimes, wayward birds from the Americas, Asia, or Africa are found moving toward these cold latitudes, in an inverted migration. The Scandinavian *þing* (pronounced "thing"), one of the oldest forms of democratic government, was not restricted to a specific building or a place. Perhaps these lost avian specimens are flying north towards their own *þing*; a *birdþing*: a parliament of birds?

On the first day of the crossing, on the top deck, a wayward swallow darted past to smash into the glass enclosure reserved for smokers. A German-speaking retiree, sporting a hunting vest, photographed it with his telephoto lens. He very well knew that he was not only dealing with an image. Laying aside his camera, he leaned down deftly to pick up the confused bird with one hand and help it aloft.

The transparent outline of islands would be visible for hours at portside, time enough for this bird to find his way back home.

Historical Atlas

In historical atlases of Iceland, the country shifts and blurs from page to page, its contours wavering, its interior a shapeless smudge, the surrounding sea a pale expanse of lost time.

Froth

Seyðisfjörður hangs in fragile equilibrium on a lip of land curling around the bay, a cleft of greenery dwarfed by the lazily tumbling enormousness of Strandartindur and Bjólfur, "The Strand and Bell," the rock-strewn, snow-patched giants that stand on either side, so wide and high that they diminish the local hours of daylight.

In their shadow, the town seems so tiny that it should not be there at all. A stream cascades into the quiet horseshoe of the bay, ringed by a nook of houses painted primary colors, grouped around the inevitable spire of the famous blue church. They are fine examples of Norwegian ready-made architecture, inherited from nineteenth-century merchants.

Past this knot of colors, clusters of bungalows and utility buildings dot the lower slopes. At the town's tail, a gray ribbon of asphalt rises to follow the path of the falling waters before vanishing over the snowline. It is the only road linking Seyðisfjörður to the interior and the vast ring road girdling the country. A modest snowstorm is enough to obliterate it, quarantining the town.

Der Bogen des Winters

Eine einsame Wetterstation wacht über dem Tor zum Fjord. Die Skálanes-Halbinsel ist dafür bekannt, dass sich Tausende von Vögeln hier versammeln. Zu dieser Jahreszeit sind sie jedoch noch nicht zu sehen, wie sie um die Antennen herumflattern wie lebendige Signale.

Man sagt, dass von der Stadt Seyðisfjörður am Ende des Fjords eine sonderbare elektromagnetische Anziehung ausgeht, dass sich Signale und Schallwellen um sie herum krümmen. Wir haben einen vollen Bogen zurück zum Winter geschlagen. Wie Aufziehvögel, die immer wieder bei null anfangen.

Es dauert Stunden, den Fjord zu durchqueren. In der morgendlichen Stille versammeln sich die Passagiere auf dem Oberdeck, an der frischen, spätwinterlich frostigen Luft. Pastellfarbene Berge mit schneebedeckten Spitzen, von Nebelschleiern umhüllt, scheinen direkt aus dem Meer zu ragen. Im makellos blauen Wasser, das die Fähre umspült, spiegelt sich der Himmel wider: Wolken oben wie unten. Dies ist der Ort, an dem man – alten Seemannslegenden zufolge – den Zugang zum hohlen Inneren der Erde fand.

Der Möchtegern-Seemann, der in seinen blauen Mantel gehüllt über das Deck schlurft und gegen seine Seekrankheit ankämpft, hat die Struktur des Kosmos intensiv studiert. Die Quantenphysik versichert uns, dass wir auf Glas gehen können. Die Gesetze der Physik lassen es nicht zu, dass Partikel mit unterschiedlicher Ladung die gleiche Position einnehmen. Das bedeutet: Das Kristallgitter hält fest zusammen, und wir können auf Materie gehen, ohne zu versinken. Die Wirklichkeit jedoch ist mannigfaltig, magnetisiert, bodenlos. Hier gilt das Mysterium von Welle und Ort. *Blau ist die blinde Farbe, Kristall ihre Form.*

Vogelþing

Vor drei Tagen stach die MS Norröna von Hirtshals an der Küste Jütlands Richtung Seyðisfjörður in See. Ein sechsstündiger, frühmorgendlicher Zwischenstopp in Tórshavn auf den Färöer-Inseln vermochte das nachhallende Gefühl des Meeres nicht zu zerstreuen. Man muss lernen, mit dem stets präsenten Auf und Ab unter den Füßen, mit dem Schwanken im Inneren eins zu werden.

Den Vögeln, die in der Luft entlang gleichmäßiger Vektorbahnen um das Schiff gleiten, scheint dieses Unbehagen fremd zu sein. In der Broschüre *Die Vögel der Färöer*, wie sie Reisenden am Informationsstand auf dem vierten Deck kostenlos zur Verfügung gestellt wird, finden sich einige gute Ratschläge für Hobby-Ornithologen: Nur jene Vögel, die sich auf ihrem Weg über das Meer verirrt haben, sollte man zu berühren wagen. Alle anderen greifen sehr wahrscheinlich an – möglicherweise stürzen sie sich sogar bösartig direkt auf den Kopf. Manchmal entdeckt man ein paar verwirrte Exemplare von weit her, aus Nord- und Südamerika, Asien oder Afrika, die sich auf kältere Breitengrade zubewegen, in die verkehrte Richtung ziehen. Die altnordische Volksversammlung þing – ausgesprochen wie das englische Wort »thing« –, eine der ältesten Formen demokratischer Mitbestimmung, war nicht an ein bestimmtes Gebäude oder einen bestimmten Ort gebunden. Vielleicht fliegen diese verlorenen Vögel ja nach Norden zu ihrem eigenen þing, zu einem Vogelþing: einem Vogelparlament?

Am ersten Tag der Überfahrt sauste eine verirrte Schwalbe über das Oberdeck, flog direkt auf das für Raucher vorgesehene Glashäuschen zu und prallte dort gegen die Scheibe. Ein deutschsprachiger Pensionär mit Jagdweste fotografierte sie mit seinem Teleobjektiv. Er wusste sehr wohl, dass er es nicht nur mit einem guten Fotomotiv zu tun hatte: Nachdem er seine Kamera beiseitegelegt hatte, lehnte er sich geschickt nach unten, um den verwirrten Vogel mit einer Hand aufzunehmen und ihm zurück in die Lüfte zu verhelfen.

Die schwachen Umrisse der Inseln waren Backbord noch stundenlang zu sehen – Zeit genug für den Vogel, den Weg nach Hause zu finden.

Historischer Atlas

In historischen Atlanten von Island verschwimmt das Land, verändert seine Form von Seite zu Seite. Die Konturen flackern, das Innere des Landes ein unförmiger Fleck, das umgebende Meer die fahle Weite verlorener Zeiten.

Schaum

Seyðisfjörður ruht in fragilem Gleichgewicht auf einer Landzunge, die sich die Bucht entlangschlängelt. Eine grüne Kluft, die winzig erscheint angesichts der träge taumelnden Größe von Strandartindur und Bjólfur, den felsigen, schneebedeckten Riesen, die auf beiden Seiten der Stadt emporragen, so breit und hoch, dass sie jeden Tag um einige Sonnenstunden verkürzen.

Seyðis is a form of froth. The town looks like it could sink underwater or vanish under an avalanche at a moment's notice. The feeling of arrival is counterbalanced by the fear of containment. To leave here, one has to go the way of the birds.

Sea Legs

The ocean's flow reminds us that everything, absolutely everything, is in motion. It allows us to feel the pulse and breath of things, to remember that we choose our orbits, the gradations of time that our lives fall through. Even the waves cannot dissolve the hold of our gazes over matter.

Would-be sailors need to regain their land legs, steady their purchase on the world, before they venture forth again.

Blue House

It rains from all sides around the small blue house at the foot of the fjord. At high tide, the river in front seems to run uphill.

On the kitchen counter is an electric teapot. If it is plugged in, the house goes dark. Our days, too, are made of waves and electricity.

A rubber hose is hooked through the half-opened window, snaking down to a trapdoor. In a thin puddle in the basement sits a plastic-white pump of ghostlike transparency.

Raindrops rattle against the tin roof, all over the windowpanes. If things follow their natural course, the house could well come unmoored, float off into the inverted river, bump against the rocks upstream, then eddy back to the bay and off into the fjord, floating for hours, past the mirrored mountains, to the peninsula where the *birdþing* has congregated in noisy witness to the drifting of this blue house and its unwitting occupant back out to sea.

The Gates

The road leading up and out of the town is so narrow that drivers must yield to oncoming traffic. Wooden posts dabbed with fluorescent paint are the only road signs.

Just above the town is a rocky outcrop. From there, the fishing trawler appears as an orange speck afloat in the mists. The ship's foghorn wails in baritone, and the ship fades into the whiteness.

To escape time, one must adopt the shape of a wave, blend into color. The road out of town then crosses through a zone of immaculate whiteness, a winding gradient framed by the blinding albedo. On the other side, Egilsstaðir appears in a gleam, a modulation of sunlight, nestled among the verdant patches of the foothills.

The spirits of the dead are said to haunt the landscape, in witness to the living. *Passing through the gate* is a fitting formula for the radical impression made by the Icelandic landscape. Raw materiality, a sense of internal motion, imbue every sight with spiritual immediacy. Whatever hold the present has on this dreamscape, it is hard to forget what surrounds it. This town, the ships coming into the harbor, like everything else on this unstable island, teeter at the cusp of erasure. Wherever they may lead, there are gates.

The Line

Fluorescent wooden posts stitch a path up along the main road, up the flanks of Strandartindur.

The path winds its way through patches of snow and moss, up to the cascades overlooking the town's power station. It was the first in the country. Standing at the electromagnetic limit of Seyðisfjörður, with its signal-bending reputation, you can feel the electric hum over the churning of the waters.

One false step and you could be swallowed up. Last year, two hikers fell into the landscape, never to be found again. On the way back, it is easy to lose sight of the marks. There would then be no choice but to risk wading across the river and over the stones, back to the black ribbon of the road.

Taking careful steps across the stones, one starts to distinguish, over the rushing waters, the springtime din of invisible, chirping birds. This murmur gradually transforms into the voices of men. It is possible to hear their conversation, down in town, as if you were standing feet away from them. If you do not know the language, they might as well be speaking bird.

In ihrem Schatten wirkt die Stadt so winzig, als habe sie kein Recht zu sein. Ein Strom fließt schwungvoll in die sonst ruhige, hufeisenförmige Bucht, umsäumt von Häusern in allen Grundfarben, die sich um die berühmte blaue Kirche mit ihrem prägnanten Kirchturm gruppieren. Die Häuser sind gute Beispiele für norwegische Gebrauchsarchitektur – ein Erbe der Kaufleute des 19. Jahrhunderts.

Hat man diesen Farbknoten hinter sich gelassen, stößt man auf den unteren Hängen auf eine Reihe von Bungalows und Nutzbauten. Am Ende der Stadt erstreckt sich ein graues Band aus Asphalt, das sich entlang des Baches den Berg hinaufzieht, bevor es über der Schneegrenze verschwindet. Es ist die einzige Straße, die Seyðisfjörður mit dem Landesinneren und der riesigen Umgehungsstraße Islands verbindet, die einmal um die Insel führt. Ein leichter Schneesturm genügt, und die Straße ist unbefahrbar – und die Stadt vom Rest des Landes abgeschnitten.

Seyðis ist eine Art Schaum. Die Stadt sieht aus, als könne sie von einem Augenblick auf den nächsten im Wasser versinken oder unter einer Lawine begraben werden. Das Gefühl des Angekommenseins und die Angst vor dem Eingesperrtsein wiegen sich gegenseitig auf. Um von hier fortzukommen, muss man sich den Vögeln anschließen.

Seefestigkeit

Der Seegang macht uns bewusst, dass alles – absolut alles – in Bewegung ist. Er erlaubt es uns, den Puls und den Atem der Dinge zu spüren, erinnert uns daran, dass wir unsere Umlaufbahnen, die Zeitstufen, durch die unser Leben fällt, selbst wählen. Selbst die Wellen können unseren Blick nicht von der Materie lösen.

Möchtegern-Seemänner müssen ihre Landfestigkeit zurückgewinnen, ihren festen Halt auf der Erde wiederfinden, bevor sie weiter in die Ferne ziehen.

Das blaue Haus

Der Regen kommt von allen Seiten. Bei Flut scheint der Fluss vor dem kleinen blauen Haus am Fuße des Fjords bergauf zu fließen.

Auf der Küchentheke steht ein Wasserkocher. Wenn man ihn an den Strom anschließt, geht das Licht im ganzen Haus aus. Auch unser Leben ist aus Wellen und Elektrizität gemacht.

Durch das halb geöffnete Fenster hängt ein Gummischlauch, der sich zu einer Falltür hinunterschlängelt. Im Keller steht, inmitten einer kleinen Pfütze, eine weiße, geisterhaft durchsichtige Kunststoffpumpe.

Regentropfen prasseln auf das Blechdach, gegen die Fensterscheiben. Wenn man den Dingen ihren natürlichen Lauf lässt, dann könnte es gut sein, dass das Haus seinen festen Halt verliert, bergauf vom Fluss mitgerissen wird, stromaufwärts gegen die Felsen prallt und dann zurücktaumelt in die Bucht und in den Fjord. Danach würde es dann stundenlang auf dem Meer treiben, an den Spiegelungen der Berge vorbei, bis zu jener Halbinsel, auf der sich das *Vogelþing* versammelt hat und laut schnatternd Zeuge wird, wie das kleine blaue Haus mitsamt seinem ahnungslosen Bewohner wieder zurück aufs Meer hinausdriftet.

Die Tore

Die Straße, die bergauf aus der Stadt herausführt, ist so schmal, dass Fahrer entgegenkommendem Verkehr ausweichen müssen. Mit fluoreszierender Farbe betupfte Holzpfosten sind die einzigen Verkehrszeichen.

Direkt über der Stadt ist ein Felsvorsprung. Von dort sieht der Fischdampfer aus wie ein orangefarbener Fleck, der im Nebel treibt. Das Nebelhorn des Schiffes heult dumpf im Bariton auf, und der Kahn verschwindet im milchigen Dunst.

Um der Zeit zu entfliehen, muss man die Form der Wellen annehmen, in Farbe übergehen. Die Straße führt nun durch makelloses Weiß, windet sich den Hang hinab, eingehüllt in die blendende Rückstrahlung des Schnees. Auf der anderen Seite glitzert Egilsstaðir im Sonnenlicht, umrahmt vom grünen Vorgebirge.

Man erzählt sich, dass die Geister der Toten diese Landschaft heimsuchen, als Zeugen der Lebenden. *Das Tor durchschreiten* – nichts beschreibt den tiefgreifenden Eindruck, den die isländische Landschaft hinterlässt, passender. Rohe Stofflichkeit, das Gefühl der inneren Bewegtheit verleihen jedem einzelnen Ort eine unmittelbare Spiritualität. So fest der Griff der Gegenwärtigkeit um diese Traumlandschaft auch ist, so schwer ist es zu vergessen, was sie umgibt. Diese Stadt, die Schiffe, die in den Hafen einlaufen, wanken,

Black Dog

A gravelly road edges along the fjord waters to Skálanes peninsula. The orange trawler has come in for a round of repairs at the dock of the fish-packing plant, whose corrugated-sheet-metal walls and pointy, pale-blue roof mark the limit of current industry.

On the periphery of the town is a zone of dilapidated warehouses and factories, their yards littered with abandoned industrial vehicles, machine parts, mud-caked coils of sailor's rope, wooden crates and pallets.

A lone black dog is lapping the water that has pooled in the middle of a wide circle of asphalt, reminiscent of a helicopter landing pad. Her owner waves, waiting, some way off, next to a dark sedan. People drive to walk around these parts.

Bird Peninsula

Everything, but absolutely everything, is in motion on this teetering island. On a high plateau above the fjord, stone foundations, leaning chimneys, the rotten floors of houses mark the former location of Seyðisfjörður.

Iceland is littered with such ruinous clusters, the hulls of displaced lives, abandoned as the fortunes of fishing failed, or following some upheaval of nature. On its coasts, a weather of words obtains. Towns shift across the landscape, carrying their names along.

A few hundred meters up from the site of the old town is a plane expanse of battered dirt, vertiginously suspended above the fjord. During World War II, Allied aces flew from this precipitous airstrip.

The gravelly staircase of the road then descends to a running stream gorged with rubble. By the time it takes to return from Skálanes, it could overrun its banks. Flightless travelers would be stuck with the birds on the peninsula.

Even down here, the winds are whipping. The walls and rooftops of old Seyðisfjörður dislocate, ghost villagers flap off in their black woolens over the fjord. Wish them a gentle flight, a safe landing. Not to worry: here, where names travel through the air, all will learn to trust in time and weather, believe in the patience of images.

Unmooring

The eight-story ferry, when it docks in the harbor, becomes the tallest building in town. Its shadowy outline towers over the rooftops of the old harbor, the purple sheen of dusk.

The foghorn sounds, opening up a sonorous tunnel through the fabric of the evening. It is obvious that Seyðisfjörður is *moored* to Iceland, the way the ferry is moored to it.

The sky over the colored houses gapes. The ship has vanished. Gone through the gates.

In its hold, it carries back the catch from last week's fishing run to Europe. The sparse gray sweep of the sea, the glint of fish under the hull, floor loss and vertigo, the smallness of anything at all, flights to the *birdþing*… Tonight, part of the town is drifting off into another light. Every departure is a kind of disappearance.

wie alles andere auf dieser unbeständigen Insel, an der Schwelle zum Untergang. Wo auch immer sie hinführen mögen, es gibt Tore.

Die Linie

Bunte Holzpfosten stecken den Weg entlang der Hauptstraße ab, die den Hang des Berges Strandartindur hinaufführt.

Der Weg schlängelt sich durch Schnee und Moos, bis hin zu den Kaskaden über dem Kraftwerk der Stadt. Es war das erste, das im Land gebaut wurde. Hier, an der elektromagnetischen Grenze von Seyðisfjörður, jener Stadt, von der man sagt, sie könne Schallwellen krümmen, kann man das elektrische Brummen, das sich über das Rauschen des aufgewühlten Wassers legt, förmlich spüren.

Ein falscher Schritt – und man wird von der Landschaft verschlungen. Letztes Jahr stürzten zwei Wanderer hier hinab – und wurden nie gefunden. Auf dem Rückweg kann man die Straßenmarkierungen leicht aus den Augen verlieren. Man hätte dann keine andere Wahl, als durch den Fluss und über die Steine zu waten, zurück zu dem schwarzen Band aus Asphalt.

Wenn man mit vorsichtigen Schritten über die Steine steigt, so hört man neben dem Rauschen des Wassers ganz deutlich das Frühlingsgezwitscher unsichtbarer Vögel. Nach und nach verwandelt es sich in murmelnde, menschliche Stimmen: Man kann tatsächlich die Gespräche der Menschen unten in der Stadt hören, als wären sie nur wenige Meter entfernt. Wenn man ihre Sprache nicht versteht, könnte es ebenso gut auch Vogelsprache sein.

Schwarzer Hund

Eine kiesige Straße führt entlang des Fjords zur Halbinsel Skálanes. Der orangefarbene Fischkutter hat für eine Reihe an Reparaturen am Dock vor der Fischverpackungsanlage angelegt, deren Wellblechwände und spitz zulaufendes, hellblaues Dach die Grenzen der heutigen Industrie markieren.

Am Rande der Stadt stehen ein paar heruntergekommene Lagerhallen und Fabriken, ihre Höfe übersät mit alten Industriefahrzeugen, zurückgelassenen Maschinenteilen, schlammverkrusteten Rollen Seemannstau, Holzkisten und Paletten.

Ein einsamer schwarzer Hund schleckt das Wasser auf, das sich in der Mitte eines großen Asphaltkreises angesammelt hat, der an einen Hubschrauberlandeplatz erinnert. Sein Besitzer, der einige Meter entfernt neben einem dunklen Auto wartet, winkt ihn zu sich. Die Leute fahren hierher, um spazieren zu gehen.

Die Halbinsel der Vögel

Alles – aber auch wirklich alles – ist in Bewegung auf dieser schwankenden Insel. Auf einem Hochplateau über dem Fjord zeugen steinerne Grundmauern, schiefe Schornsteine und verrottete Fundamente von der ehemaligen Lage der Stadt Seyðisfjörður.

Island ist übersät mit solchen Ruinen, mit den Hüllen vertriebenen Lebens, die von den Menschen verlassen wurden – weil der Fischfang zurückging oder weil irgendein Naturereignis die Menschen zur Umsiedlung zwang. An den Küsten des Landes ist das Wetter aus Wörtern gemacht. Städte wandern durch die Landschaft, tragen ihren Namen von einem Ort zum nächsten.

Ein paar hundert Meter von der alten Stadt entfernt erstreckt sich eine abgenutzte, dreckverkrustete Fläche, die schwindelerregend hoch über dem Fjord schwebt. Während des Zweiten Weltkrieges hoben Bomber der Alliierten von dieser steilen Startbahn ab.

Die kiesige Straße führt danach herab zu einem rauschenden Bach, in dem sich der Schutt nur so stapelt. Er könnte schneller über die Ufer getreten sein, als man von Skálanes zurückkehren kann. Reisende, die nicht fliegen können, wären dann mit den Vögeln auf der Halbinsel gefangen.

Sogar hier unten peitscht der Wind. Die Mauern und Dächer des verlassenen Seyðisfjörður verschieben sich, Bewohner des Geisterdorfes flattern, in schwarze Wolle gehüllt, über den Fjord. Auf einen sanften Flug, eine sichere Landung! Nur keine Sorge: Hier, wo Namen durch die Lüfte reisen, wird ein jeder lernen, Zeit und Wetter zu vertrauen, an die Geduld der Bilder zu glauben.

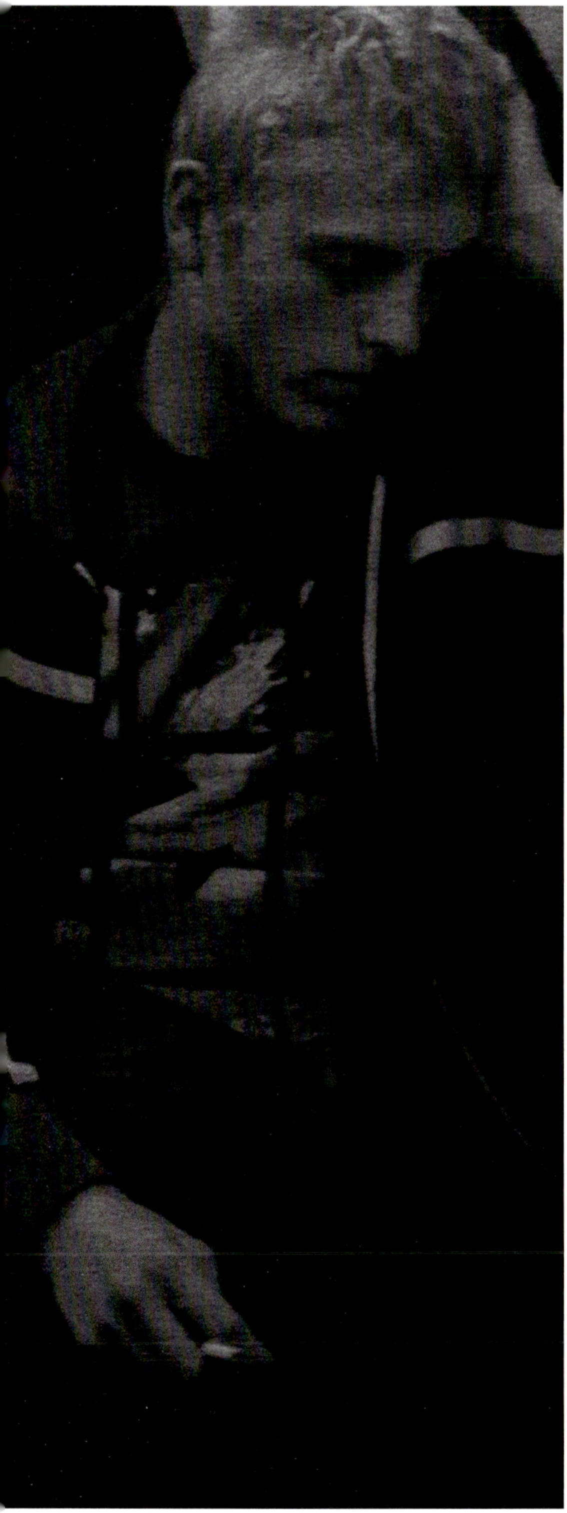

Losmachen

Die achtstöckige Fähre, die am Hafen anlegt, ist nun das höchste Gebäude der Stadt. Ihre schattenhaften Umrisse ragen über die Dächer des alten Hafens, im violetten Glanz der Abenddämmerung.

Das Nebelhorn ertönt, gräbt sich wie ein Tunnel aus Geräuschen durch den Abend. Es ist offensichtlich, dass Seyðisfjörður an Island festgemacht ist, so wie die Fähre am Dock des Hafens.

Über den bunten Häusern klafft der Himmel. Das Schiff ist verschwunden. Durch die Tore gegangen.

In seinem Laderaum trägt es den Fang der letzten Woche, der nach Europa transportiert wird. Das karge Grau des Meeres, das Schimmern der Fische unter dem Rumpf, der Verlust des Bodens unter den Füßen, der Schwindel, die Winzigkeit von überhaupt allem, Flüge zum *Vogelþing* … Heute Abend driftet ein Teil der Stadt in ein anderes Licht. Jeder Aufbruch ist eine Art Verschwinden.

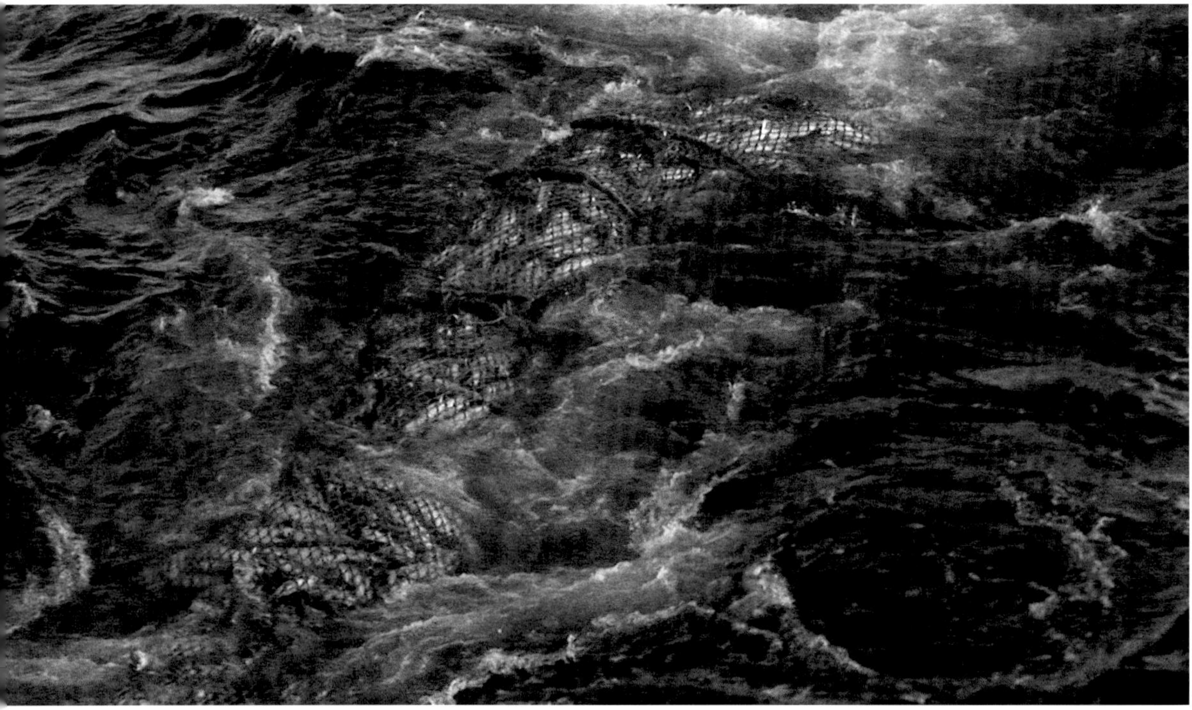

Under the surface of the waters, the fish swim in formation, guided by mysterious impulses. Their glowing scales glint like silver in the daytime, are muted as ash or snow under the moonlight. Fishermen, having learned to interpret these stirrings of the light, have given them names. These words will remain unknown to the fish, but spell the terms of a bond between diverging orders of being. All over the North Sea, ships probe the darkness under hull. They trap the swimmers in silken nets, haul them up into another light. The bodies of some fish, when exposed to the air, turn luminescent. The gills of healthy specimens are dappled with crimson, glow white with the fat of life. Of their inner lives, nothing is known. All that remains of them is light and stories.

–2–

"How was it that he had ever in life been afraid?"
Karen Blixen, *Seven Gothic Tales,* 1934

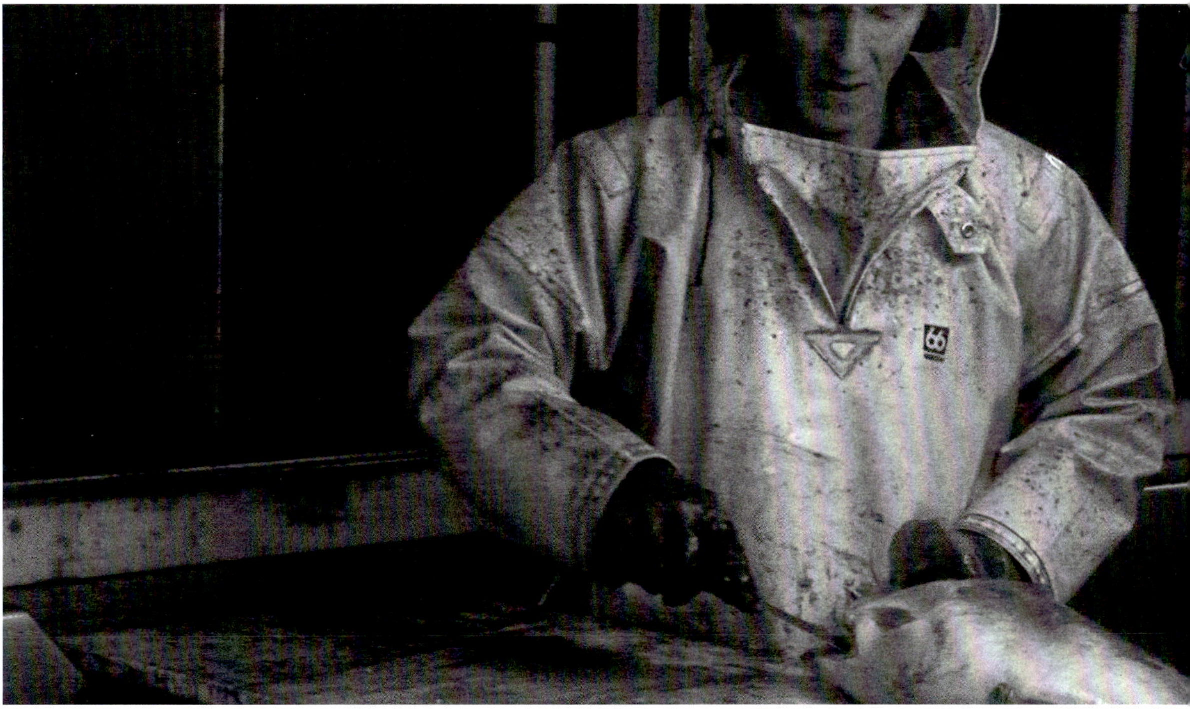

Unter der Wasseroberfläche schwimmen die Fische in Formation, von geheimnisvollen Impulsen getrieben. Ihre Schuppen, die tagsüber silbrig leuchten, werden bei Mondlicht zu Asche und Schnee. Die Fischer haben gelernt, dieses Lichtspiel zu deuten, und ihm Namen gegeben. Den Fischen werden diese Wörter unbekannt bleiben, doch sie buchstabieren eine Verbindung zwischen zwei grundverschiedenen Ordnungen des Seins. Überall auf der Nordsee durchkämmen Schiffe die Dunkelheit unter ihren Rümpfen. Sie fangen die Schwimmenden mit seidenen Netzen ein, ziehen sie hinauf an ein anderes Licht. Die Körper einiger Fische lumineszieren, sobald sie an die Oberfläche gelangen. Die Kiemen gesunder Exemplare sind purpurn gesprenkelt, leuchten weiß vom Fett des Lebens. Was in ihrem Innersten vorgeht, weiß niemand. Alles, was von ihnen bleibt, sind Licht und Geschichten.

– 2 –

»Wie kam es nur, dass er sich jemals im Leben gefürchtet hatte?«
Karen Blixen, *Sieben phantastische Geschichten*, 1934

Pill

At eight, the gangway to the trawler will be removed, the hatch closed.

In the pilothouse, the captain is waiting to welcome the would-be sailor. Though the seasickness of the previous journey has abated, the captain reaches for the medicine cabinet and hands him a box of pills.

"Take one, the North Atlantic is no joke."

Do not protest. In other worlds, other rules apply. From here onward, it is impossible to tell apart the inner flow of medication from the outer seesaw of the sea.

Þolinmæði (Patience)

The windowed pilothouse lets the landscape seep in from all sides. The captain sits on his bridge, surrounded by an array of screens.

He is a thewy man with a gray crew cut and an air of kind amusement, who moves and speaks in precise bursts.

Does he ever go down to the deck?

"No. I am just the fisherman."

The would-be sailor is lying down in the window seat, letting the motion and noise of the ship settle into him. The cresting of the waves is startling him over and again into drifting attention. A buzz, a crackle, an order. If it were not for this call to the deck, the crew's sudden disappearance into its work, it would be hard to register the moment of departure.

The windows at prow are open, letting the breeze blow in. The stars are visible over the procession of cliffs. The night is glassy, etched with purple shadows.

Breathe in the clearness, breathe out the seasickness. Feel only the strangeness of being here, out to sea, at the end of a patient day. We, too, are made of waves and motion, taut with time.

Golden Hand

Painstakingly hand-drawn maps are stored in a cabinet in the pilothouse. If all signals were to fail, they would serve as navigational backups.

They also have metaphorical import. The shapes and names given to the underwater congregations unfurl in pale tracings. Their syllable-rich Icelandic names are hard to catch. They echo the shapes of the human body—the Foot, the Kidney—or call up more abstract figures and feelings—the Glittering, the Ink Stain, the Great Void.... The fish converge, with mouths open, in these mutable undersea countries, on the cusp of warm and cold currents.

The captain knows these regions by heart. Like his father before him, he must record, in the black-bound Dagbók, the Book of Days, the areas fished, the vagaries of weather, the time the nets were cast, the weight and type of the catch, as well as "anything special."

Gold Maker has a week to bring back forty tons of cod, twenty of red and black fish before it can head back to port. In order to endure the countdown of landless days, a sailor better learn how to read over the captain's shoulder, tally the weight of the catch, make up half of what he hears.

Faðma (Caress)

The ship is layered in tiers of noise.

The bridge is the quietest place, dampening the din of the floating machinery. The bleeps of sonar and the hum of hard drives meld into the breeze from the open windows.

Outside, the gulls cackle obsessively over the slap of the waves and the hum of the motors, the swaying of chains and pulleys.

A floor down, next to the crew's cabins, when the winch activates and the lines trail out, their weights clack and clang along the length of the deck.

Below deck, the fish-processing plant huffs with the watery violence of its rails and chutes, showers and drains.

In the engine room, the powerful rotor spirals against the resistance of the sea. One must wear ear gear at all times or risk tinnitus.

It is only in the hull, where the catch lies, arranged in colored bins, that one intuits the silencing depths to which the ship is beholden.

Underwater, the net billows out quietly as a cloud. Soundlessly grating along the bottom of the sea.

Words are misleading, but metaphors unknot their contradictions. *Fathom*, in Icelandic, is *faðma*, which also means caress.

Tabletten

Um acht Uhr wird der Steg zum Fischdampfer eingeholt, die Luke geschlossen.

Auf der Brücke wartet der Kapitän darauf, den Möchtegern-Seemann zu begrüßen. Obwohl seine Seekrankheit im Vergleich zur vorherigen Reise ein wenig abgeebbt ist, greift der Kapitän in den Medizinschrank und reicht ihm eine Schachtel Tabletten.

»Nimm eine, mit dem Nordatlantik ist nicht zu spaßen.«

Protestieren hilft nicht. Andere Welten, andere Regeln. Von hier an ist es unmöglich, den inneren Fluss der Medikation vom äußeren Wogen des Meeres zu unterscheiden.

Þolinmæði (Geduld)

Durch die vielen Fenster sickert die Landschaft von allen Seiten in die Kommandozentrale. Der Kapitän sitzt auf der Brücke vor einer Reihe von Bildschirmen.

Er ist ein stämmiger Kerl mit grauem Bürstenhaarschnitt, eine heitere Persönlichkeit, energisch in Worten und Bewegungen.

Geht er jemals hinunter an Deck?

»Nein. Ich bin nur der Fischer.«

Der Möchtegern-Seemann lässt sich auf der Fensterbank nieder, nimmt die Bewegung und den Lärm des Schiffes in sich auf. Im Schaukeln der Wellen treibt seine Aufmerksamkeit immer wieder dahin. Ein Surren, ein Knacken, ein Befehl. Wäre da nicht der Aufruf, an Deck zu kommen, und das plötzliche Ausschwärmen der Besatzung zu ihrer Arbeit, könnte man den Zeitpunkt der Abfahrt glatt verpassen.

Die Fenster am Bug sind geöffnet, eine Brise weht hinein. Über den vorbeiziehenden Klippen sind die Sterne zu sehen. Die Nacht ist klar, durchzogen von violetten Schatten.

Atme die Klarheit ein, atme die Seekrankheit aus. Spüre nur, wie fremd und seltsam es ist, hier zu sein, auf weiter See, am Ende eines geduldigen Tages. Auch wir sind aus Wellen und Bewegung gemacht, aufgespannt auf die Zeit.

Die goldene Hand

In mühevoller Handarbeit gezeichnete Karten werden in einem Schrank auf der Brücke aufbewahrt. Würde das gesamte Navigationssystem ausfallen, könnte man auf diese Karten zurückgreifen.

Sie haben aber auch eine metaphorische Bedeutung. Die Formen und Namen der Unterwasserwelten ziehen sich in blassen Linien über das Papier. Ihre silbenreichen isländischen Namen sind schwer zu erfassen. In ihnen hallen die Formen des menschlichen Körpers wider – der Fuß, die Niere –, oder sie rufen abstraktere Gestalten und Gefühle wach – das Glitzern, den Tintenfleck, die Große Leere … Mit weit aufgerissenen Mündern versammeln sich die Fische in diesen sich wandelnden Unterwasserländern, hier, wo warme und kalte Meeresströmungen aufeinandertreffen.

Der Kapitän kennt diese Orte in- und auswendig. Wie schon sein Vater vor ihm muss er im schwarz eingebundenen Dagbók, dem Buch der Tage, alles festhalten: die befischten Gebiete, die Launen des Wetters, wann die Netze ausgeworfen wurden, das Gewicht und die Art des Fangs sowie jegliche »Besonderheiten«.

Die *Gold Maker* hat eine Woche Zeit, um vierzig Tonnen Kabeljau zu fangen – je zwanzig Tonnen roten und schwarzen Fischs –, bevor sie in den Hafen zurückkehren kann. Um die landlosen Tage durchzustehen, tut ein Seemann gut daran, dem Kapitän über die Schulter zu schauen, das Gewicht des Fangs nachzuzählen, die Hälfte hinzuzudichten zu dem, was er hört.

Faðma (Umarmung)

Jede Ebene des Schiffes hat ihre eigene Lautstärke, ihren eigenen Klang.

Auf der Brücke ist es am stillsten; nach hier oben dringt der Lärm der Maschinen nur gedämpft. Das Piepen des Sonars und das Brummen der Festplatten vermischen sich mit dem Rauschen des Windes, der durch die geöffneten Fenster hineinweht.

Draußen kreischen die Möwen wie besessen, die Wellen peitschen gegen das Schiff. Man hört das Brummen der Motoren, das Quietschen der schwingenden Ketten und Flaschenzüge.

Ein Stockwerk tiefer, wo sich auch die Kabinen der Schiffsbesatzung befinden, hört man ein Klappern und Scheppern über das ganze Deck hinweg, wenn die Netze mit der Winde eingeholt werden.

Unter Deck ertönt das wütende Grollen und Zischen der Fischverarbeitungsanlage mit ihren Schienen und Rutschen, Brausen und Abflüssen.

Völundarhús af Öldum (Maze of Waves)
Thread

The ship carries a thousand fathoms of rope: two kilometers by land-bound reckoning. The net unspools through a sunken relief. It is then dragged like a rake in the vessel's wake. Every six hours or so, depending on the bounty below, it is hauled up.

Its strands, stronger than steel, are woven of plastic, nylon, and polyester. A tensile scale is integrated into the mesh, allowing instant calculation of the catch.

The captain must pull this thread, day in and day out, to make his way out of the maze of waves.

Lady Luck

GENTLEMEN stands on a brass plaque on the mess door. When entering, one is greeted by a black-and-white portrait of Iceland's former president. She sits in her study, gaze turned to us, smiling, leaning over a typewriter. This lady was the first democratically elected female president in the world. She is also a dramatist. If you ask the captain, he will explain: "She is the only woman on board, she brings us good luck."

On both sides of the president hang a sequence of pictures spanning the ship's embodiments. The current *Gold Maker* is the fifth of its lineage. Though the trawlers, given their function, bear some resemblance, each has distinctive marks, a particular girth and hue.

The crew takes its meals and idles between shifts in this room. It is now empty. If not for the fact that there are no windows, only portholes, and that all the furniture is bolted down, it would have, with its plywood siding and leatherette couch, something of the pleasant familiarity of a suburban recreation room.

Secret Sharers

All aboard are secret sharers, each crew member linked to a shadow self. The captain, who has inherited his command from his father, shares it with another. Their crews split their time between ship and land, one week at a turn. The fourteen berths are occupied in turn by paired crew members.

Each crew has a day half and a night half, taking turns to sleep and fish. When one team is hauling the net, its hidden half is rolling in sleep. If one keeps to the schedule, it is possible to sail without meeting the other half of the crew.

These divisions are exacerbated by the ship's living spaces. Each cabin is a sanctified space, accessible only to its occupants. A walk along the corridors affords only glimpses of unidentifiable reclining figures, bent in half-light over a book or a laptop.

The central functions present a greater degree of overlap. When the captain feels the need to sleep, he calls in the first mate to take over. The two engineers, who take turns watching over the machinery, convene several times a day.

Placed in a wider perspective, the trawler is the necessary complement to the fish factory in town. It also depends on the return of the ferry to mainland Europe to deliver its catch.

And since it is the fifth vessel to bear its name, even *Gold Maker*, when considered over a longer scale of time, is never one.

Only the would-be sailor deems himself shadowless.

Mate

The would-be sailor shares his cabin with the ship's second engineer, who has the air of an overgrown, wide-cheeked, bearded child, tinged with an adult melancholy. He is busy with a miniature vacuum and cuts off the current to greet his mate in a gentlemanly way.

When speaking, the second engineer leans his head to one side, holding a hand next to his mouth, as if his words were threatening to fall out.

"Me down there, you up there. There are only fourteen beds."

The first lesson in ship-bound patience, the tempering of anguish: ask for nothing but your place.

Breath

The cabin is a cramped T. The narrow superimposed bunks face a rust-rimmed porthole, a fluorescent-lit sink and mirror. At the head of the T is a low brown couch, just long enough to curl up on. A Formica table is inset in the wall between it and the bunks. An accordion-like respirator, of the kind used to temper sleep apnea, takes up all its space.

At night, the waves gain amplitude. Breathing in the light is no use. The ship rolls and the sleeper tumbles

Im Maschinenraum dreht sich der mächtige Rotor kraftvoll in seinem stetigen Kampf gegen den Widerstand des Meeres. Hier muss man Ohrenschützer tragen, wenn man keinen Tinnitus erleiden will.

Erst ganz unten, im Rumpf des Schiffes, wo der Fang in farbigen Behältern lagert, erahnt man die klanglosen Tiefen, mit denen das Schiff verbunden ist.

Unter Wasser wogt das Netz wolkenleise hin und her. Stumm schleift es über den Meeresgrund.

Worte können in die Irre führen, doch Metaphern entwirren ihre Widersprüche. *Faðma,* das isländische Wort für Klafter, bedeutet auch Umarmung.

Völundarhús af Öldum (Labyrinth der Wellen)
Faden

Das Schiff transportiert tausend Klafter Seil – oder zwei Kilometer nach ländlichem Längenmaß. Das Netz wird über eine Spule in die Tiefe hinabgelassen. Wie ein Rechen wird es dann im Kielwasser des Schiffes mitgeschleppt. Etwa alle sechs Stunden – je nachdem, wie ertragreich der Fang bis dahin war – wird es eingeholt.

Die Stränge des Netzes sind härter als Stahl, aber aus Kunststoff, Nylon und Polyester gewebt. Am Netz ist eine Waage befestigt, so dass man das Gewicht des Fanges stets im Auge hat.

Tagein, tagaus muss der Kapitän diesen Faden ziehen, um den Ausweg aus dem Labyrinth der Wellen zu finden.

Frau Glück

An der Kantinentür hängt eine Messingtafel mit der Aufschrift GENTLEMEN. Sobald man eintritt, wird man von einem Schwarz-Weiß-Porträt der ehemaligen isländischen Präsidentin begrüßt. Sie sitzt in ihrem Arbeitszimmer, ihr Blick ist auf uns gerichtet. Lächelnd lehnt sie über einer Schreibmaschine. Diese Frau war die erste demokratisch gewählte Präsidentin der Welt. Sie war außerdem Theaterwissenschaftlerin. Fragt man den Kapitän, so erklärt er: »Sie ist die einzige Frau an Bord, sie bringt uns Glück.«

Auf beiden Seiten der Präsidentin hängt eine Reihe von Bildern, welche die Vorgänger des Schiffes zeigen. Die aktuelle *Gold Maker* ist die fünfte in ihrer Abstammungslinie. Obwohl die Fischkutter, die alle zum selben Zweck gebaut wurden, eine gewisse Ähnlichkeit aufweisen, so hat jeder von ihnen dennoch seine Besonderheiten, seine ganz persönliche Form, seine eigene Farbgebung.

Die Mannschaft nimmt hier ihre Mahlzeiten ein, ruht sich zwischen den Schichten aus. Jetzt ist der Raum leer. Sieht man einmal davon ab, dass es hier keine Fenster gibt, sondern nur Bullaugen, und dass alle Möbel verschraubt sind, so strahlt die Kantine mit ihrer Holzvertäfelung und dem Kunstledersofa beinahe die heimelige Gemütlichkeit eines vorstädtischen Gemeinschaftsraums aus.

Geheime Teilhaber

Alle hier an Bord sind geheime Teilhaber, jedes Besatzungsmitglied ist verbunden mit einem Schatten-Selbst. Der Kapitän, der das Kommando von seinem Vater geerbt hat, teilt es mit einem anderen. Von den Mannschaften der beiden ist jeweils eine an Bord und eine an Land, immer eine Woche am Stück. In jeder der vierzehn Kojen schlafen zwei Crewmitglieder im Wechsel.

Beide Mannschaften haben ihre Tag- und Nachtschichten, Schlafen und Fischen wechseln sich ab. Wenn die eine Mannschaft die Netze einholt, dreht ihre geheime Hälfte sich gerade im Schlaf auf die andere Seite. Hält man sich genau an den Zeitplan, so kann es gut sein, dass man eine ganze Woche auf See ist, ohne die andere Hälfte der Besatzung zu treffen.

Die Aufteilung der Wohnbereiche verstärkt diese strikte Trennung nur noch mehr. Jede Kabine ist ein geheiligter Raum, nur für ihren Bewohner zugänglich. Auf dem Weg durch die Gänge erhascht man flüchtige Blicke auf nicht identifizierbare Gestalten, die im Halbdunkel über ein Buch oder einen Laptop gebeugt sind.

Bei den wichtigeren Posten sind die Überschneidungen größer. Wenn der Kapitän müde ist und schlafen möchte, ruft er den Ersten Offizier, damit dieser das Kommando übernimmt. Die beiden Ingenieure, die abwechselnd die Maschinen überwachen, begegnen sich mehrmals am Tag.

Im Größeren gesehen ist der Fischkutter das notwendige Gegenstück zur Fischfabrik in der Stadt. Auch sie ist auf die Rückkehr der Fähre angewiesen, die ihren Fang zum europäischen Festland transportiert.

Und da die *Gold Maker* bereits die fünfte ist, die ihren Namen trägt, ist auch sie – über einen längeren Zeitraum betrachtet – nie eins.

Nur der Möchtegern-Seemann wähnt sich selbst schattenlos.

with it, from bunk's edge to wall, back to bunk's edge. Insomnia is measured in the huffing and puffing of the respirator.

The second engineer wakes for work at six. The respirator quiets down. A side movement, the pale flash of a torso, a rustle of cloth, and the sleeper is alone again.

Hring Dagsins (Circle of Day)

Daybreak surrounds the ship with a luminous circle, seeping through every porthole.

Outside, the horizon line is askew. The would-be sailor can feel the unevenness in the pit of his stomach. He must anchor himself to the mental image of the ship, afloat in water and light, to temper it.

He will stop by the cabinets and vomit. Though he does not know this yet, it will not happen again for the duration of the voyage. With this gesture, he has accepted the state of seasickness, entered its instability.

Gulls

A cackling congregation of gulls: the ship's secret sharers, lurking over the catch, rising and falling in harmony with the waves. They are uninterested in the democracy of their species, a hovering mob, guided only by its gut feelings.

Underneath, the fish float, eyes wide open to the silence, mouths swallowing the salt of time, until the moment lifts, and they break through the membrane between worlds.

Shape

Fishing is bad news for the seasick sailor. The ship calms. Its hobbyhorse motion, no longer sustained by the pull of the engine, amplifies.

The net comes up. The crane hefts a load of red fish. It forms a teardrop-shaped mass, wriggling with life. The schools of fish are transformed into a nameless, animate solid, a shape that holds true for a moment only, then loses its coherence and spills into a limp and oily multitude.

The deckhands in their rubber overalls and hard hats, tethered to the deck by iron wires, quickly undo it as it drops onto the deck. They pull open the netting, climbing over the living mass, discarding the damaged catch.

In a moment, the captain will run out in thongs to climb up this slippery mountain of fish.

Verafra (Wasteland)

Gold Maker is sailing over a zone known as Verafra, the Wasteland. A diaphanous mass is gaining definition at portside. The ghostly outline of a mountain. It is the highest peak in Iceland, rising on the flank of the southern glacier.

Big things behave like big things. Small, like small. But both are there. From out at sea, massive geographical features turn translucent. This can be taken as yet more proof that Iceland hovers on the edge of erasure.

The ship, surely, is much too small, from the glacier's perspective, to acquire the same gossamer quality: a minute's shimmer in the weave, the underpinning, insubstantial as a dot.

Anda stigi (Spirit Level)

Seasickness is a dislocated blob, a hollow in the pit of the stomach, as opaque to consciousness as it is oppressive to the senses. The fear grows that this ulcerous void can be brought back into the world, where it will grow to swallow everything whole.

The hours have no meaning. Night and day are spent drifting in and out of sleep. Consciousness grows transparent. Fish are counted. Hope remains that time will turn.

Red Run

The captain will not abandon his red ambition.

The net is pulled in. For the next four hours, the ship travels at full throttle, seesawing vertiginously, its equilibrium no longer sustained by forward motion, sportily slapping over the waters, to a zone of high winds and waves.

"It's not that bad," insists the crew.

Kamerad

Der Möchtegern-Seemann teilt seine Kabine mit dem Zweiten Technischen Offizier des Schiffes: ein übergroßer, pausbäckiger, bärtiger Junge mit einem Hauch erwachsener Melancholie. Er hält einen kleinen Staubsauger in der Hand und schaltet ihn aus, um seinen Kameraden höflich zu begrüßen.

Beim Sprechen lehnt er den Kopf zur Seite und hält sich eine Hand neben den Mund, als drohten seine Worte herunterzufallen.

»Ich hier unten, du da oben. Es gibt nur vierzehn Betten.«

Meine erste Lektion in schiffsgebundener Geduld: Soll sich dein Schmerz in Grenzen halten, frage nach deinem Platz und nach sonst nichts.

Atem

Die beengende Kabine ist geformt wie ein T. Gegenüber den schmalen, übereinanderliegenden Kojen befinden sich ein rostiges Bullauge, ein beleuchtetes Waschbecken und ein Spiegel. Am Kopfe des T steht ein niedriges braunes Sofa, gerade lang genug, um sich darauf zusammenzukauern. Zwischen Kojen und Sofa steht ein Kunststofftisch an der Wand. Ein akkordeonartiges Beatmungsgerät, wie es zur Linderung von Schlafapnoe verwendet wird, bedeckt die gesamte Tischplatte.

Nachts werden die Amplituden der Wellen größer und größer. Es hilft nichts, das Licht einzuatmen. Der Kahn dreht sich und der Schlafende purzelt mit ihm – von der Kojenkante zur Wand und wieder zurück zur Kante. Die Schlaflosigkeit steigt und fällt mit dem Schnaufen und Zischen des Atemgerätes.

Der Zweite Technische Offizier steht um sechs Uhr zur Arbeit auf. Das Beatmungsgerät verstummt. Eine Bewegung, das fahle Aufblitzen eines Rumpfes, ein Rascheln – und der Schlafende ist wieder allein.

Hring Dagsins (Tageskreis)

Der Tagesanbruch umschließt das Schiff in einem leuchtenden Kreis, sickert durch jedes Bullauge.

Draußen hängt der Horizont schief. Der Möchtegern-Seemann spürt diese Unstimmigkeit tief in der Magengrube. Er muss sich im geistigen Bild des Schiffes verankern, auf dem Wasser schwebend, in Licht getränkt, um das Unwohlsein zu lindern.

Er wird bei den Schränken stehen bleiben und sich übergeben. Zwar weiß er es noch nicht, doch es wird das letzte Mal auf dieser Reise sein. Von diesem Moment an hat er die Seekrankheit akzeptiert, ist übergetreten in ihren Zustand der Instabilität.

Möwen

Eine schnatternde Möwengemeinde: die stillen Teilhaber des Schiffes, die über dem Fang lauern, im Einklang mit den Wellen auf- und absteigen. Sie interessieren sich nicht für die Demokratie ihrer Spezies – eine fliegende Meute, einzig von ihrem Bauchgefühl getrieben.

Unter dem Schiff gleiten die Fische durch das Wasser. Ihre Augen sind weit in die Stille hinaus geöffnet, ihre Münder schlucken das Salz der Zeit – bis der Moment kommt und sie die Membran zwischen den Welten durchbrechen.

Form

Der Fischfang steht an – schlechte Nachrichten für den seekranken Seemann. Der Kutter kommt zur Ruhe. Seine schaukelpferdartige Bewegung, nicht mehr länger durch den Antrieb des Motors aufgewogen, intensiviert sich.

Das Netz wird eingeholt. Der Kran hievt eine Ladung roter Fische nach oben: eine tränenförmige, vor Leben zappelnde Masse. Die Fischschwärme werden zu einem einzigen, namenlosen, belebten Festkörper, der nur für einen kurzen Moment Bestand hat. Dann verliert sich seine Form mit einem Klatschen zu einer schlaffen, öligen Menge.

Die Deckarbeiter mit ihren Gummianzügen und Schutzhelmen, die mit Eisendrähten an das Deck gebunden sind, räumen den Fang sofort zur Seite. Sie öffnen das Netz, klettern über die lebendige Masse und sortieren den beschädigten Fang aus. Jeden Moment wird der Kapitän in Badelatschen an Deck kommen, um diesen glitschigen Fischberg zu besteigen.

Őræfagrunn (Zone of Void)

Gold Maker's engines have been cut off. The vessel is bobbing in a stormy pocket. Lacerating gusts, intent on tearing the light apart and throwing its shards against the hull, are blowing in baleful whistles. Sudden flashes, electric as sparks, burn through the portholes.

The would-be sailor perceives a pale rustle of colors among folds of darkness. When he closes his eyes, he can see the faces of friends, cities silhouetted against inner dark. This mental state breaks up the bounds of time. It is premonitory of old age, convalescence, yet also marks a dolorous return to childhood's boredom, the empty hours where tedium seemed to encompass everything. Time wasted waiting to no longer be waiting.

Halla aftur (Slope of Return)

The chemistry is seeping out of the would-be sailor's system. The bubble of unbeing bursts, leaving a weighty headache.

It was impossible to measure, in his sleep-addled state, what, waves or medication, affected what. *The waves of causality are distributed evenly in the weave of possibility.*

He is afraid of sinking back into sickness. He needs to know that the ship is arriving somewhere.

The night crew has brought in plentiful catches of cod. In three hauls, the quotas should be met.

But *red* has kept *Gold Maker* from heading back to land, to the cities where the sailor's heart lies. It is neither plentiful nor in great demand. This red hunt hints at an obsession, an item of pride.

Asking if the ship is still heading east, one gets the rote answer.

"I don't know, ask the captain."

Fridur (Peace)

The would-be sailor's stomach settles. His spirit turns. The ship is following the well-known path of cod, on the steady slope of return.

This evening, the sea is so calm that the ship seems to be standing still. The sailor's legs are trembling from the week's efforts at equilibrium. Even the gulls' cackle seems more restrained.

It is possible to go blindly out into the blue and come back through the gates.

Draum um borgir (Dream of Cities)

The windows of the pilothouse are shut, but the cool night air can still be felt.

Gold Maker is back in cod country, the coast once more visible in eerie transparency at starboard.

It is late. The deck is awash in the glow of halogens. The figures working the nets, seen from the back, are unrecognizable. Are they the *others*, the secret sharers, come out of the unknown hours?

The captain leaves his chair to point out the lights of two other ships, like floating cities, adrift from that ghostly island which is, and is not, the port of our departure.

Cities are their own dreams.

Valið (Chosen)

Out on deck, the would-be sailor runs into the second engineer, whom he has not seen outside of sleeping hours since the beginning of the trip. The man is busy tilting a thin-spouted oil canister over a vent.

He smiles and turns to his mate, to ask, in his tilt-headed way.

"So, do you like it?"

"It's a world unto itself. What are you doing?"

"Just lubricating the machinery."

The sailors are getting more talkative as the ship moves closer to its quota. Their questions as constant as their replies. There is an implicit togetherness to their enterprise.

It suddenly dawns on the sailor that he was, all this time, in the crew's care, in the eye of the storm, the center of their pride. The president-elect of writing, brought on board for luck.

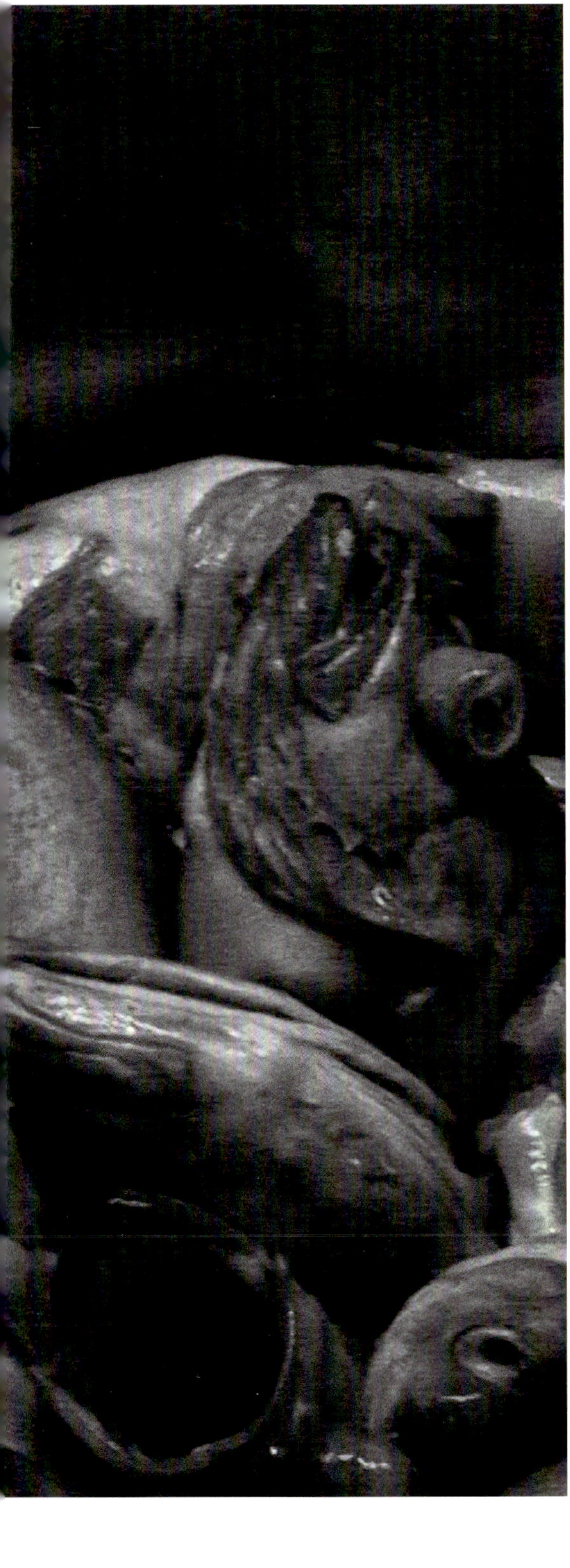

Matrosenmärchen

Es war einmal ein Seemann, der nach seiner ersten Seereise das Gefühl der Wellen nicht mehr abschütteln konnte. Um sich wie auf ebenem Kiel zu fühlen, musste er wieder und wieder auf hohe See zurückkehren.

Welten

In der Cafeteria des kleinen Flughafens von Egilsstaðir, einer postmodernen, zweigeschossigen Box, die inmitten der unwirklichen Landschaft steht, taucht wie aus dem Nichts der Erste Offizier auf. An Bord war er ein Mann weniger Worte. Nun plaudert er mit dem Kellner, bevor er sich an den zurückgekehrten Matrosen wendet.

Er wartet hier auf die Heimkehr seiner Enkelin, die in Reykjavík studiert. Das Gespräch dreht sich bald wieder um die Schifffahrt.

»Hat es dir gefallen?«

»Es war eine Welt für sich.«

Eyja af fugla (Insel der Vögel)

Im Flugzeug nach Reykjavík tragen die Isländer ihre Schuhe und Tagesmäntel, als ob sie mit dem Bus unterwegs wären.

Durch das Flugzeugfenster blickend fühlt der zurückgekehrte Seemann sich verbunden mit dem Himmel, mit jenem Ort, an dem die Erde sich selbst überschreitet. Es ist schwierig, die schneebedeckten Gipfel von der Wolkendecke zu unterscheiden. Darunter erstreckt sich eine Landschaft aus Falten, Bergen und Tälern, aus sich überlagernden, runzeligen, labyrinthartigen Schluchten – von Schneewirbeln heimgesuchte Wellenberge unterirdischer, tektonischer Bewegung, die alle Linien durchbrechen kann.

Sonnenstrahlen durchdringen das blaue Buntglas des Himmels. *Blau ist die blinde Farbe, Kristall ihre Form.*

Als Reykjavík auftaucht, erscheint die Stadt kaum solider als Seyðisfjörður auf seiner Landzunge. Auch Reykjavík könnte jeden Moment verschlungen werden – vom Meer, das der Matrose immer noch unter seinen Füßen spürt.

Im Norden liegt eine Insel der Vögel, auf der man aus dem Traum der Städte erwacht.

Acknowledgments

"Gold Maker" stems from a voyage undertaken in the springtime of 2016 at the request of the creators of *NS-12*, who wanted me to cross to Iceland from Denmark by ferry and then experience the conditions of fishing on the North Sea firsthand. I was to bring back a text that mirrored their own voyages, a sort of portrait in negative of the film's world. Support for my journey and lodgings in Seyðisfjörður were generously provided by Skálar | Sound Art | Experimental Music, East Iceland, and supplemented by a travel grant from the Conseil des arts et des lettres du Québec.

Various readings contributed to the mental landscape of this journey, first among them Richard Feynman's lessons on quantum physics, *QED* (1985), and Karen Blixen's *Seven Gothic Tales* (1934). The term "secret sharer" is taken from a Joseph Conrad story (1910). The descriptions of the undersea distributions of fish heading the second part of the text revisit Bernard Krauss's French translation of W. G. Sebald's *Die Ringe des Saturn* (1995). Silas Olofson's brochure, *Birds of the Faroe Islands* (2016), published by Visit Faroe Islands, proved uncannily evocative.

Isabelle Jubinville, Tobias Gittes, Michael Hayward, John Grzinich, and Kristján Loðmfjörð, my guide through Seyðisfjörður and environs, provided invaluable comments on the manuscript.

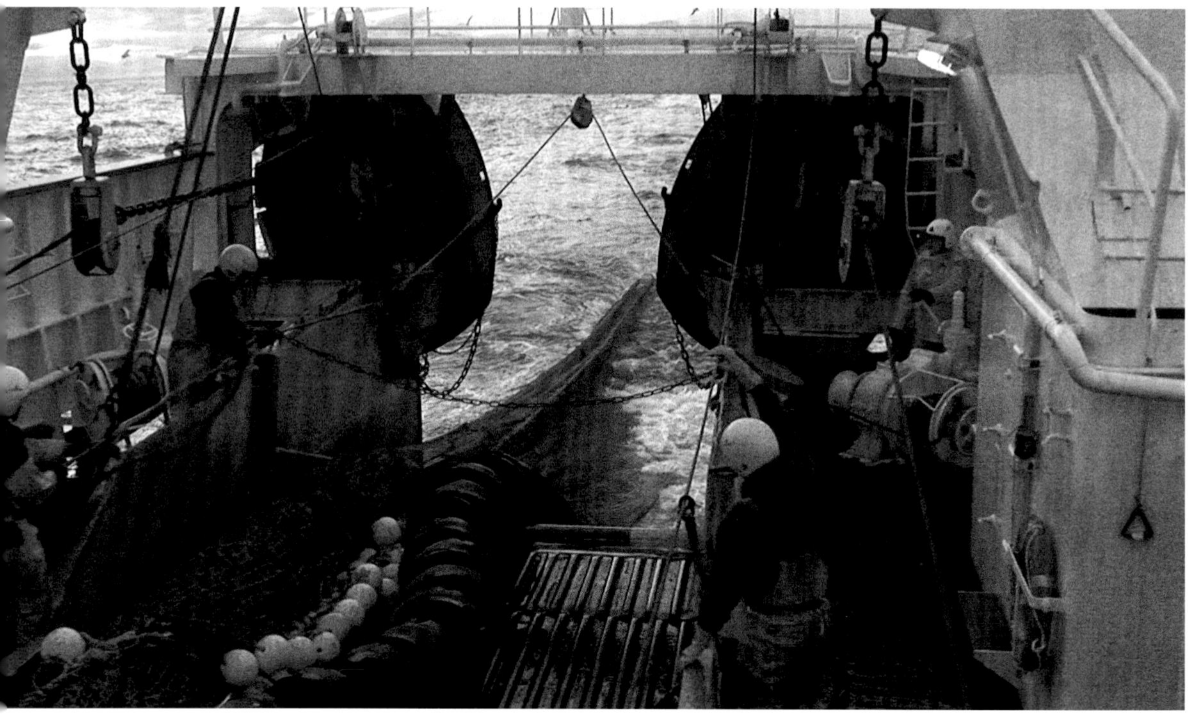

Danksagung

»Gold Maker« entstand auf einer Reise, die ich im Frühjahr 2016 auf Wunsch der Schöpfer von *NS-12* unternahm. Ich sollte von Dänemark aus mit der Fähre nach Island fahren, um dann die Nordseefischerei hautnah mitzuerleben und einen Text zu verfassen, der ihre eigenen Reisen widerspiegelt – eine Art Porträt als Negativ des Films. Großzügige Unterstützung für meine Reise sowie meine Unterkunft in Seyðisfjörður erhielt ich von Skálar | Sound Art | Experimental Music, Ostisland, sowie durch ein Reisestipendium des Conseil des arts et des lettres du Québec.

Die Lektüre verschiedenster Texte formte die mentale Landschaft meiner Reise: allen voran Richard Feynmans Schriften über Quantenphysik, *QED* (1985), sowie Karen Blixens *Sieben phantastische Geschichten* (1934). Der Begriff »secret sharer« (»geheimer Teilhaber«) stammt aus einer Geschichte von Joseph Conrad (1910). Die Beschreibung der Fische unter Wasser, mit welcher der zweite Teil des Textes beginnt, greift W. G. Sebalds *Die Ringe des Saturn* (1995), in der französischen Übersetzung von Bernard Krauss, auf. Silas Olofsons Broschüre *Birds of the Faroe Islands* (2016), herausgegeben von Visit Faroe Islands, erwies sich als verblüffend inspirativ.

Isabelle Jubinville, Tobias Gittes, Michael Hayward, John Grzinich und Kristján Loðmfjörð, mein Fremdenführer in Seyðisfjörður und Umgebung, lieferten wertvolle Kommentare zum Manuskript.

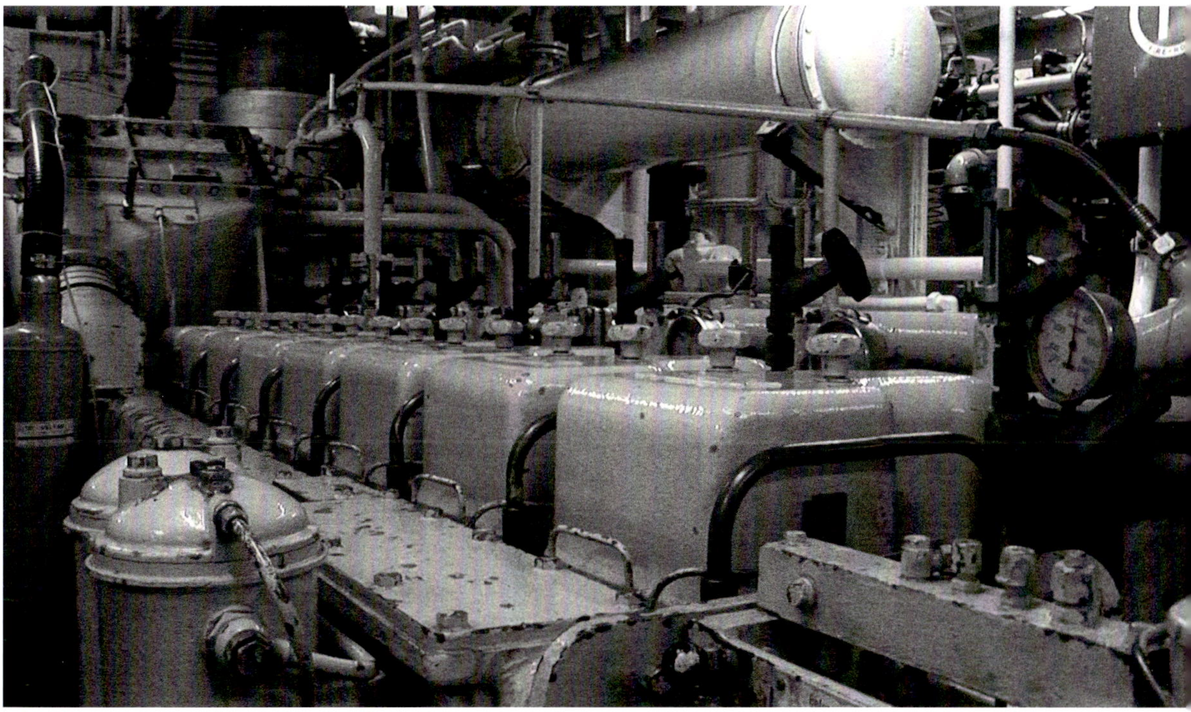

Contributors

Daniel Canty
is a writer and artist living in Montréal, Québec. His works of fiction and nonfiction, and all shades in between, include books, films, installations, and dramaturgy for numerous stage plays.

Anna Friz
is a sound and radio artist and Assistant Professor in the Film and Digital Media department of University of California, Santa Cruz. She is a steering member of Skálar | Sound Art | Experimental Music, East Iceland.

John and Evelyn Grzinich
are mixed-media artists based in rural Estonia, where they run the project and artist-residency space MoKS.

Konrad Korabiewski
is an award-winning experimental composer and sound and media artist working across genres to create works with a strong site-specific element. He is a founder and the director of Skálar | Sound Art | Experimental Music, Seyðisfjörður, East Iceland.

Kristján Loðmfjörð
is a visual artist, documentarian, and film editor based in Seyðisfjörður, East Iceland. His work varies from audio-visual installations to linear filmmaking.

Kristín Ómarsdóttir
is a poet, writer, and a Sunday painter based in Reykjavík, Iceland. She has published books of poetry and novels, and her plays have been produced. Her novels are available in Danish, Swedish, French, and English.

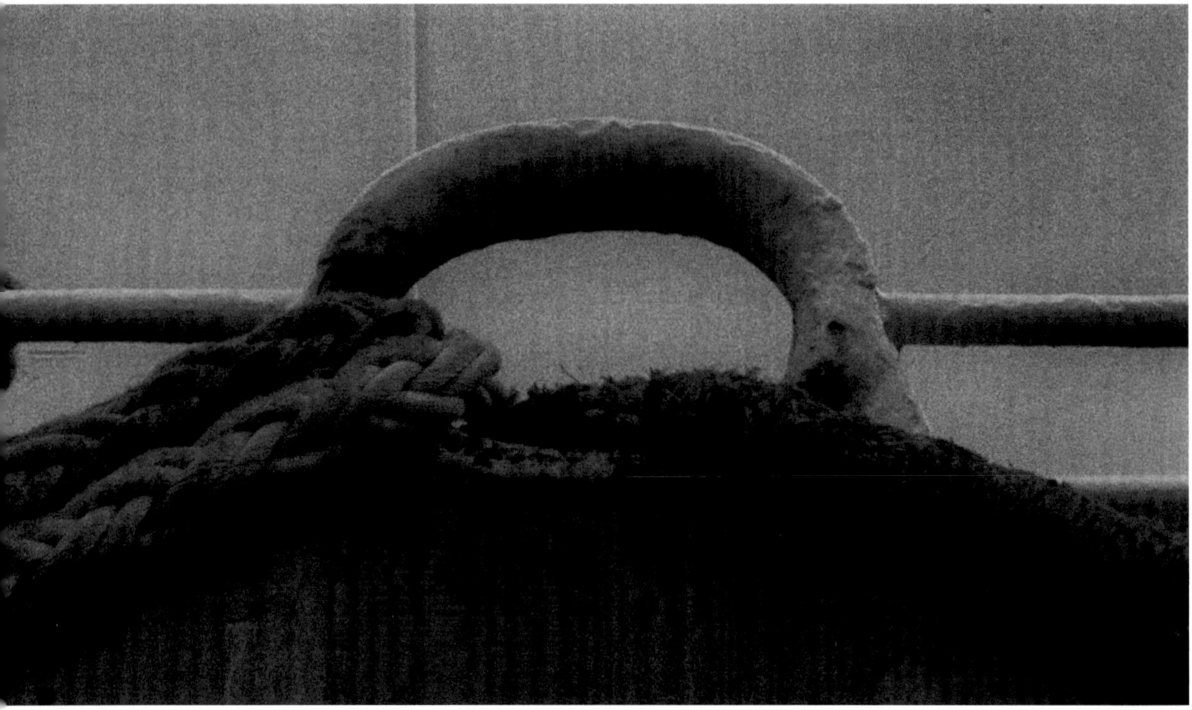

Mitwirkende

Daniel Canty
lebt als Schriftsteller und Künstler in Montréal, Québec. Zu seinen Werken aus Belletristik und Sachliteratur sowie allen dazwischenliegenden Schattierungen gehören Bücher, Filme, Installationen und Dramaturgien für zahlreiche Bühnenstücke.

Anna Friz
ist eine Ton- und Radiokünstlerin sowie Assistenzprofessorin am Institut für Film und digitale Medien der University of California, Santa Cruz. Sie ist Mitglied des Lenkungsausschusses von Skálar | Sound Art | Experimental Music, Seyðisfjörður, Ostisland.

John und Evelyn Grzinich
sind Mixed-Media-Künstler aus dem ländlichen Estland, wo sie das Projekt und Artist-in-Residence-Program MoKS leiten.

Konrad Korabiewski
ist ein preisgekrönter experimenteller Komponist sowie Klang- und Medienkünstler, der genreübergreifend arbeitet, um Werke mit einem starken ortsspezifischen Element zu schaffen. Er ist Gründer und Leiter von Skálar | Sound Art | Experimental Music, Seyðisfjörður, Ostisland.

Kristján Loðmfjörð
lebt und arbeitet als bildender Künstler, Dokumentarist und Filmeditor in Seyðisfjörður, Ostisland. Seine Arbeiten reichen von audiovisuellen Installationen bis hin zum linearen Filmemachen.

Kristín Ómarsdóttir
ist eine in Reykjavík auf Island lebende Dichterin, Schriftstellerin und Sonntagsmalerin. Sie hat zahlreiche Gedichtbände und Romane veröffentlicht, ihre Hörspiele und Theaterstücke fanden ebenfalls ein interessiertes Publikum. Ihre Romane sind auf Dänisch, Schwedisch, Französisch und Englisch erhältlich.

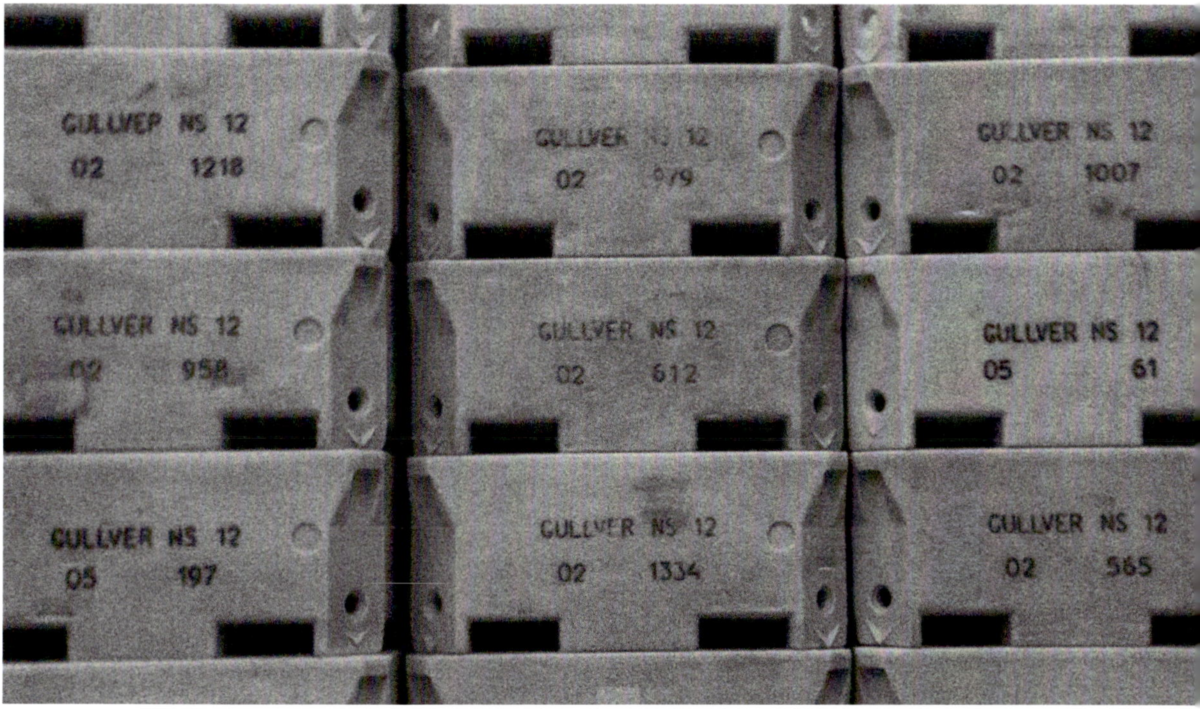

Ár 2001 Mánuður Janúar

Dagur	Hinn	Sigling, veður, veiðar, staðarákvarðanir
Miðvikud	17.	Farið út kl: 1310 Kastað í Hvalbakshalli
Fimmtud	18.	Sjö hol í Hallinu og vestur í Lónsdýpi 0.8t-3.0t
Föstud	19.	Sex hol á Sama og í gær 1.5t-7.0t mest ufsi ýsa og
Laugard	20.	Sjö hol Berahorn og Lónsdýpi 0.6t-3.0t ufsi og karfi
Sunnud	21.	Þrjú hol á Haftinu og Hallinu 0.5 í holi SA 8-9. Komið að bryggju á Sf. kl: 2040
Mánud	22	Farið frá Seyðisf kl 15[10], hægv, kastað í
Þriðjud	23.	Sex hol frá Seyðisfjd - útk Digranesfl. 0.2-3t
Miðvikud.	24	Sex hol Digran.fl 0.2-3t mest léleg[illegible]
Fimmtud.	25	Eitt hol Digran.fl 1t þ. Fjögur hol Héraðsfl. -
Föstud.	26	Fimm hol Héraðsfl - S við Héraðsfl 0.5-1t gæð[illegible]
Laugard	27	Tvö hol Gerpisfl 3.5-4t þ. Veiðum hætt
Mánud	29	Landað á Sf. neml. 40t mest þorskur Farið út kl
Þriðjud.	30.	Fjögur hol sunnan í Gerpisfl. 120/150 m 0.5-4.0t
Miðvikud	31.	Átta hol Papagr og Lónsdýpi 0.7t-2.7t mest karfi
Fimmtud	1.	Sjö hol Lónsd og austur í Hl 0.4t-1.7t bl. afli